AF372840

VIAGEM HISTÓRICA
AO BRASIL

Diretor editorial
Henrique Teles

Produção editorial
Eliana S. Nogueira

Arte gráfica
Bernardo C. Mendes

Revisão
Eduardo Satlher Ruella

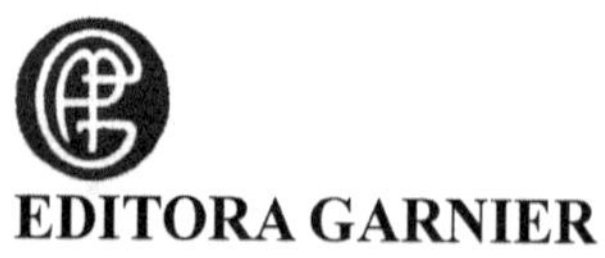

EDITORA GARNIER
Belo Horizonte
Rua São Geraldo, 67 – Floresta – Cep.: 30150-070 – Tel.: (31) 3212-4600
e-mail: vilaricaeditora@uol.com.br

JEAN-BAPTISTE DEBRET

VIAGEM HISTÓRICA
AO BRASIL

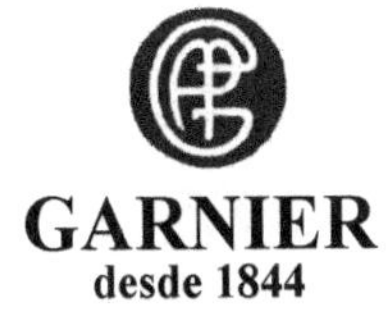

GARNIER
desde 1844

Dados Internacionais de Catalogação na Publicação (CIP) de acordo com ISBD

D288v   Debret, Jean-Baptiste

         Viagem Histórica ao Brasil / Jean-Baptiste Debret. - 2. ed. - Belo Horizonte
         - MG : Garnier, 2021.
         110 p. ; 14cm x 21cm.

                   Inclui índice.
                   ISBN: 978-65-86588-49-1
                   1. História do Brasil. I. Título.

                                                              CDD 981
         2020-1906   CDU 94(81)

                        Índice para catálogo sistemático:

                            1. História do Brasil 981
                            2. História do Brasil 94(81)

ÍNDICE DAS PRANCHAS

É a única nação que usa essa forma de cavalgar em público. Esses mercadores são quase todos muito ricos. Você pode ver o estilo arquitetônico das portas das casas de campo. No fundo. Um dos carros pequenos que usamos para esse tipo de viagens curtas.

O pano de fundo dá uma ideia do Catete. Espécies de Fauborg Saint-Germain habitadas por pessoas de consideração.

Uma amante do belo sexo conversando com garotas negras em público. Pode-se notar os efeitos infelizes desse tipo de vida nas extremidades inferiores desse homem.

P. 39 – FOLHAS DE PÃO PITA.

Recolhido para fazer cordas.

P. 40 – COMERCIANTE DA FOLHA DE BANANA.

O negócio da folha de bananeira é um recurso para os proprietários. Porque é muito utilizado para embalar vegetais em mercados e fruteiras. O fundo representa um local próximo ao mar onde se agrupam os vendedores de frutas, verduras, etc... Além disso, podemos ver um dos postes onde os negros são amarrados para castigá-los. Quase todos os dias, vemos essas correções executadas por julgamento correcional. Há uma casa de detenção e um executor escoltado por vários auxiliares. Ele mesmo está acorrentado com os pacientes. Porque ele também é um prisioneiro.

P. 41 – COMERCIANTE DE SAPÉ E CAPIM SEC.

P. 42 – QUITANDEIRAS DE VÁRIAS QUALIDADES.

P. 43 – NEGROS DE UMA MATANÇA DE PORCO.

Para abastecer as lojas de venda de carne suína.

P. 44 – CAFÉ TORRADO.

P. 45 – NEGROS MARINHOS.

Confecção de vassouras com cabos de sucata em madeira de coco.

P. 46 – REFRESCAMENTOS ÚTEIS DURANTE AS TARDE DE VERÃO.

Limão doce, arroz cozido e fermentado em água.

P. 47 – NEGRO TATUADO QUE VENDE FRUTA CAJÚ.

P. 48 – EMBARQUE DE CAVALOS PARA A PRAIA GRANDE.

P. 49 – POBRES TROPEIROS DE MINAS.

Esses manipuladores de porcos podem ser reconhecidos pelo tipo de chicote que os sustenta em seu andar. Suas atitudes foram copiadas da natureza e são vistas muito comumente. Eles estão descansando perto de um dos assentamentos encontrados na rota da mina. O pano de fundo dá uma ideia do caráter desta parte do país.

P. 50 – POBRES TROPEIROS DE SÃO PAULO.

Os condutores de mulas entraram para descansar em um estabelecimento maior, geralmente composto por um grande galpão onde as mercadorias são armazenadas. Arreios e viajantes

cobertos para pernoites. A primeira ocupação de um dos condutores
é vigiar os sapatos das mulas. Enquanto os outros cuidam do resto.
Esses tipos de cestos verdes contêm tabaco de corda. A bolsa feita
de pele de boi é usada para transportar grãos, queijo, etc.

P. 51 – CAVALEIRO DE SÃO PAULO.

P. 52 – RESTO DE MINEIROS.

P. 53 – CAMPEIROS.
     Proprietários de rebanhos na província de Rio Grande.

P. 54 – ESCRAVO NEGRO.
     Liderando o rebanho na província de Rio Grande.

P. 55 – RIO DE JANEIRO.

P. 56 – RIO DE JANEIRO.

P.57/58 – GRANDE CACHOEIRA DA TIJUCA.

P. 59 - FESTA DO RETORNO DE S. M. DA BAHIA.
     À esquerda Saint-François-De-Paul e entrada preparada para que
S. M. venha assistir ao Te Deum. Em frente à girande desenhada
na Escola da Academia Militar. À direita, arco triunfal a iluminar.
Tudo feito às custas da Polícia Militar em 4 de abril de 1826.

PL. 60 – SAÍDA DO NAVIO IMPERIAL A "PEDRO I" MONTADO
POR SENHOR COCHRANE COMANDANDO A EXPEDIÇÃO
CONTRA A BAHIA. SAÍDA DO RIO DE JANEIRO NO
PRIMEIRO DE ABRIL DE 1823, OITO HORAS DA MANHÃ.

P. 61 – CENA DA PROVÍNCIA DE RIO GRANDE.

P. 62 – PAMPEIRO.

P. 63 – REI D. JOÃO VI.

P. 64 – RAINHA CARLOTA JOAQUINA.
     Mãe de D. Pedro.

P. 65 – S. A. R. O PRÍNCIPE D. PEDRO.

P. 66 – D. PEDRO I, Iº IMPERADOR DO BRASIL.

P. 67 – A DUQUESA LEOPOLDINA.
Primeira Imperatriz do Brasil.

DEBRET, UM ITINERÁRIO DE AMOR

S e Jean-Baptiste Debret não tivesse publicado, entre 1834 e 1839, os três volumes de sua *Voyage Pittoresque et Historique au Brésil,* não teria tido a vida póstuma que se prolonga até hoje.

O seu itinerário pelo Brasil foi um itinerário de amor. Debret amou o Brasil. A sua obra nos transmite, vivíssimo, um grande amor ao Brasil, à cidade do Rio de Janeiro. Ele conheceu e fixou muito bem a vida urbana. Os tipos, as cenas de rua. Nisto, foi admirável. Já sua reprodução da arquitetura é por vezes infiel, fantasiosa.

E nos deu um testemunho precioso e comovente, o da luta até o fim pela missão. Lutou bravamente pela permanência da missão, pelo ensino artístico no Brasil. Esse pioneiro soube ser fiel, rigorosamente fiel àquela palavra tão profunda e decisiva de Gilberto Amado — aderir à tarefa. Debret aderiu à tarefa. Lutou corajosamente pela causa da sua Academia de Belas Artes.

Oliveira Lima, no seu livro clássico sobre *Dom João VI no Brasil,* esboçou muito bem o papel de Debret no Brasil — "Percorrendo-se a formosa obra de Debret e encontrando relembradas nas suas curiosas litografias as grandes cerimônias da Corte do Rio de Janeiro, no primeiro quartel do século XIX, aclamações, funerais, casamentos, vê-se graficamente onde e como se constituiu o sentimento nacional da terra." *(Dom João VI no Brasil,* José Olympio, 1945, I Vol., p. 268).

Debret veio para o Brasil com a Missão Francesa de 1816. Era um dos seus membros. Devemos essa missão ao Conde da Barca, inimigo político de Linhares, "seu digno êmulo na inteligência e na cultura", como observa Oliveira Lima. Cada membro da Missão recebia cinco mil francos de pensão alimentícia. Ou seja, oitocentos mil réis. Lebreton, o chefe da Missão, recebia doze mil francos. A história dessa missão artística é, no fundo, a história dos conflitos de duas culturas. Notou-o Fernando de Azevedo, em *A Cultura Brasileira:* "Duas culturas de aspectos e níveis diferentes. Reações naturais do meio a que se transportou o grupo de artistas contratados em Paris. A missão francesa tornou-se o acontecimento central da época e marcou, desde as suas primeiras atividades, a ruptura, sob as influências de uma concepção nova, da arte de tradição colonial, de origem portuguesa, e o conflito entre a arte de expressão litúrgica e o laicismo francês, importado pela missão." (p. 453).

A era portuguesa da história da nossa inteligência terminava exatamente com a vinda da Missão Francesa, em 1816. A tarefa da missão foi libertar-nos da influência artística lusitana. Duque Estrada, em seu livro *A Arte Brasileira,* de 1888, se opôs calorosamente à Missão Francesa e seu papel emancipador. Mas Oliveira Lima quis chamar "emancipação intelectual" a toda essa efervescência que se segue à vinda da Família Real para o Brasil, em 1808.

A visão europeia de Debret modificou-se diante do Brasil. Debret tem a técnica e a novidade dos temas. Sem o Brasil, Debret não seria Debret. Foi o Brasil que lhe deu tudo, a sua matéria e a sua glória. Diante do Brasil, deslumbrou-se.

Dos membros da missão, é o mais interessante. Viu o branco, o índio, o negro. Viu os costumes. Viu as ruas. Mergulhou fundo na vida brasileira. Fixou a paisagem. Foi ao Sul, Paraná, São Paulo, Santa Catarina. Contemplou as frutas. Viu a Corte e viu o povo.

Os dois grandes documentos plásticos do Brasil são *Voyage Pittoresque et Historique au Brésil, ou Séjour d' un artiste française au Brésil, despuis* 1816 *jusqu'en en* 1831 *inclusivement,* de nosso Debret, e *Voyage Pittoresque au Brésil,* de João Maurício Rugendas, alemão, que veio com a Missão Langsdorff, em 1821, e aqui ficou até 1825, do que resultou o livro de desenhos, dez anos depois.

Sérgio Milliet nos deixou um paralelo entre Debret e Rugendas, em *Fora de Forma* (p. 35): "De Rugendas se poderá dizer que foi um grande artista do desenho, estilizador brilhante e compositor de belo equilíbrio. Sua obra vale pela parte artística muito mais que a de Debret. Mas seu texto é bem inferior, menos fiel, mais livresco, mais eivado de filosofia barata. Já Debret se revela artista menos firme, de traço mais indeciso e composição mais vulgar. Tem, entretanto, a vantagem da observação minuciosa, da curiosidade sempre de atalaia e da fidelidade, que se toca por vezes a raia da caricatura, não se perde jamais na estilização puramente decorativa. Por outro lado, o seu texto é grandemente elucidativo, fiel, sempre interessante e muito pouco metafísico. Rugendas é um magnífico poeta. Debret, um curioso etnógrafo e um crítico agudo".

Racialmente e socialmente, o Reinado lá está, nos dois grandes documentários, as duas Viagens Pitorescas.

Jean-Baptiste Debret veio para o Brasil em começo de 1816 com a Missão Francesa. Esta compunha-se de Joachim Lebreton, o chefe, Debret, pintor histórico, Nicolas Antoine Taunay, pintor de paisagens, Auguste Henri Victor Grandjean de Montigny, arquiteto, Auguste Marie Taunay, escultor, Charles Simon Pradier, gravador, François Ovide, engenheiro mecânico, Sigmund Neukomm, compositor e mestre de capela.

E vieram vários auxiliares, mestre ferreiro, curtidores, serralheiros, carpinteiros, artífices franceses, e mais um secretário, Pierre Dillon. Posteriormente, chegaram ao Brasil e se incorporaram à Missão os irmãos Marc e Zephirim Ferrez, escultores. E o segundo, ótimo gravador.

Nosso Debret chegou ao Rio na aurora do Brasil Reino. O Conde da Barca escrevera ao Marquês de Marialva, embaixador de Portugal em Paris, pedindo-lhe que cuidasse da vinda de uma missão artística.

Marialva conversou com Humboldt, ouviu-lhe os conselhos. E a missão formou-se. Vinha criar no Brasil a Academia de Belas Artes. Francisco José Maria de Brito, nosso Encarregado de Negócios em Paris, o "chevalier de Brito", adiantou dez mil francos para que se fizesse a travessia.

Vieram no veleiro norte-americano *Calpe*. Partiram do Havre a 22 de janeiro de 1816. Fizeram escala em Cabo Verde. E desembarcaram no Rio de Janeiro a 26 de março de 1816. O Conde da Barca se tornou o protetor da missão. Instalaram-se os viajantes em três casas da Glória e Laranjeiras, por conta do Estado. E Lebreton, que Humboldt apresentara a Marialva em Paris, recebeu uma carruagem, para percorrer a desconhecida cidade, que tinha então cento e trinta mil habitantes.

Nosso Debret nascera em Paris a 18 de abril de 1768. E faleceria também em Paris a 28 de junho de 1848, ano eminentemente político. Foi pintor de história e paisagem. Seu pai, Jacques Debret, funcionário do Parlamento francês, era estudioso de história natural e arte. E muito amigo de Dauberton e Lesage. Três artistas ilustres eram seus parentes — Desmaisons, arquiteto real, François Boucher, pintor, e Jacques Louis David, líder da escola neoclássica francesa.

Jacques Debret teve dois filhos — François, de 1777, que seria arquiteto, membro do Instituto de França, e Jean-Baptiste, pintor.

Estudou Jean-Baptiste Debret no Liceu Louis le Grand. E decidiu consagrar-se à pintura. Foi aluno da Escola de Belas Artes de Paris, na classe de Jacques Louis David (1748-1825). E também ele, como seu irmão François, chegaria ao Instituto de França. Obteve em 1791 o segundo prêmio de Roma. A sua tela se chamava *Régulo voltando a Cartago*.

Com David viajou à Itália. E, como a Revolução precisava de engenheiros que entendessem de fortificações, o governo escolheu alguns alunos mais brilhantes, para o curso de Engenharia. Debret foi um deles. Distinguiu-se como aluno de desenho e chegou a lecionar a cadeira, deixada por François Gérard.

Depois de cinco anos de ausência, voltou à pintura, seu destino. Expôs no *salon* de 1798 um quadro com figuras de tamanho natural — *Le général méssénien Aristomène delivré par une jeune fille*. Quadro de grandes proporções. Ganhou com ele um segundo prêmio. O governo lhe propõe encomendas. Os arquitetos Percier e Fontaine pedem-lhe que colabore com eles em matéria de ornamentação. Em 1804, está de novo no *salon* com o quadro — *O médico Esístrato descobrindo a causa da moléstia do jovem Antíoco.*

Em 1805, abandonou a antiguidade pela modernidade e expôs no *salon* enorme quadro — *Napoleão prestando homenagem à bravura mal-sucedida.* O Imperador gostou do quadro e em 1810 a tela recebeu menção honrosa do Instituto de França. O Estado adquiriu-a. E por indicação da Assembleia.

Encontrara-se Debret com um dos seus grandes temas — Napoleão. Expôs no *salon* em 1808 com *Napoleão em Tilsitt condecorando com a Legião de Honra um soldado russo.* Em 1810, de novo Napoleão — *Napoleão falando às tropas.* Em 1812, *A primeira distribuição de cruzes da Legião de Honra na Igreja dos Inválidos.* As passagens da vida de Napoleão o atraíam. Sucederam-se as telas representando Napoleão. Ele era um afeiçoado de Bonaparte. A derrota de Napoleão influiu muito para que viesse viver no Brasil. Em 1814, *Andrômeda liberada por Perseu.*

Terminava o seu diálogo com o *salon* de Paris. Outros caminhos o esperavam. Muitos outros. Expôs no *salon* até vir para o Brasil.

A perda de um filho único de dezenove anos deixou Debret numa prostração total. Louis David lhe sugeriu que fosse até a Itália, para distrair-se da sua grande dor. Grandjean de Montigny propôs que fosse para a Rússia com a missão de artistas franceses que o Czar pedira.

Mas, na mesma hora, se preparava em Paris a missão ao Brasil, por solicitação de Dom João. Debret optou pelo Brasil. Preferiu o Brasil à Rússia. Embarcou no Havre a 22 de janeiro de 1816.

Encerrava-se a primeira fase da sua vida. Abria-se diante dele um segundo período. O mar estava diante dele, o desconhecido, o futuro, a criação. O Brasil.

Tornara-se um pintor conhecido. Recebera encomendas do governo. Expusera nos salões sucessivos até 1814. Eram grandes quadros históricos — ou de assuntos romanos ou de cenas da fase napoleônica.

Viveu quinze anos no Brasil. O seu retrato é o de um francês vivaz. Bem francês. Os olhos muito vivos, muito atentos. Uma leve ironia. Uma expressão de argúcia. Há avidez nesse retrato, entre jovial e malicioso. Poderia ser o retrato de um ator, de um poeta.

Chegou ao Rio por ocasião da morte de D. Maria I. A Corte já se ocupava com os preparativos do cerimonial da Aclamação de D. João VI. Debret não conheceu a Rainha Louca. Veio conhecer o novo Rei.

Assistiu à Aclamação de D. Jõao VI. Dois dias depois da chegada, foi-lhe oferecido o espetáculo dos índios botocudos recém-trazidos ao Rio por um viajante que lhe permitiu desenhá-los.

Veio sob a chefia de Lebreton, então secretário-perpétuo da classe de Belas Artes do Instituto de França. Debret era o pintor histórico da missão, a que chama expedição.

Taunay, paisagista. Taunay, estatuário. Montigny, arquiteto. Pradier, gravador. Neukomm, músico. E começou o longo diálogo deles com o Brasil, com a natureza brasileira, com a cidade do Rio, o mar, a montanha, a floresta, as frutas, as gentes, as ruas.

Veio porque — nas suas palavras — dava tamanha importância à beleza do ambiente brasileiro, que desejava admirar, e à glória de propagar o conhecimento das belas artes a um povo ainda na infância. Assim, associou-se aos artistas a que chama distintos — nessa "expedição pitoresca".

Vieram fundar um Instituto de Belas Artes, sem que imaginassem as dificuldades estonteantes que aqui encontrariam. As circunstâncias políticas dificultaram a criação do estabelecimento. E esperaram dez anos. Mas essa esperança, ele confessa, não foi inútil.

A 23 de março de 1816, viram ao longe Cabo Frio. A 25 de março, o Pão de Açúcar. À tardinha de 25 ancoraram perto do Pão de Açúcar. E ouviram os canhões que lugubremente homenageavam D. Maria I, que morrera. A 26 de março, o *Calpe* fundeava perto da Ilha das Cobras. Debret se encontrava com o Rio. Era o seu primeiro encontro com o trópico.

Vinha por seis anos. Ficou uns quinze. Pintou logo um retrato de Dom João. E o desembarque da Arquiduquesa D. Leopoldina. Foi cenógrafo do Real Teatro São João, por sete anos. E na Aclamação de Dom João VI, com Grandjean e Taunay se encarregou da decoração da cidade, que já começava a amar.

O decreto do governo saiu a 12 de agosto de 1816, um tanto diferente dos projetos apresentados por Lebreton a 12 de junho de 1816 e a 9 de julho. Os projetos eram dirigidos ao Conde da Barca. E não foram muito obedecidos pelo decreto que instituiu a Escola Real de Ciências, Artes e Ofícios. Lebreton aborreceu-se.

O Cônsul francês Maler, legitimista furioso, preocupado com a sorte do trono dos Bourbons, se opunha à missão. Em 1817, falecia o Conde da Barca. E em 1819, desaparecia o próprio Lebreton na sua chácara do Flamengo. Escrevera uma biografia de Haydn, ajudado por Neukomm.

O novo decreto, de 23 de novembro de 1820, manteve Debret como professor de pintura histórica. E nomeava o pintor português Henrique José da Silva diretor da Academia. Os franceses ficaram magoados.

A Debret se deve a primeira exposição oficial de belas artes realizada no Brasil — 1829. Foi professor dedicadíssimo. Estimulava os alunos brasileiros. Acreditava neles. E, assim, foi condecorado por Pedro I com o oficialato da Ordem de Cristo.

Debret foi morar no Catumbi. Taunay, no Alto da Boa Vista. Grandjean, na Gávea. Lebreton no Flamengo. Nosso Debret acompanhou de perto os grandes acontecimentos da vida brasileira, ao longo dos quinze anos de sua permanência no Brasil — a aclamação de Dom João VI, a proclamação da Independência, a coroação de Dom Pedro I, a aclamação de Dom Pedro II.

A 9 de novembro de 1826, inaugurou-se por fim a Academia Imperial de Belas Artes. Foi a última vez que a Imperatriz D. Leopoldina compareceu a uma cerimônia, porque morreria em dezembro. Em 1827, Debret tinha uns vinte alunos matriculados no seu curso de pintura.

No primeiro salão brasileiro, inaugurado a 2 de dezembro de 1829, Debret concorria com vários trabalhos — um esboço da Aclamação de Pedro I no Campo de Santana, duas telas de Frei José da Conceição Veloso, o botânico, a decoração do teto da sala da congregação da Academia de Belas Artes, quatro estudos de cabeças de índios, esboços para a coroação de Pedro I. A exposição tinha cento e quinze trabalhos.

Predominavam a pintura histórica, as paisagens e os retratos de figurões. O neoclassicismo imperava. Mas Debret já se sentia cansado. E em 1831, a 25 de julho, voltou à França, depois de organizar uma segunda exposição, em 1830. Viajou com ele Manuel de Araujo Porto Alegre, seu discípulo preferido, que foi estudar em Paris.

Ficou na cadeira de pintura histórica o outro discípulo querido, Simplício Rodrigues de Sá. E Debret levou consigo o vasto material das suas observações.

Um material riquíssimo — há as vistas da viagem, os índios com seus adornos, os negros, os costumes, as atividades, a Corte, seus hábitos, a burguesia nascente, as paisagens fascinantes, os motivos arquitetônicos, os temas religiosos, a fauna, a flora.

Araujo Porto Alegre pintou-lhe carinhosamente o retrato. Domingos José Gonçalves de Magalhães, futuro Visconde de Araguaia, também foi seu discípulo. E em Paris, entre 1834 e 1839, apareciam os três volumes da *Viagem Pitoresca e Histórica ao Brasil,* o livro da sua vida, o documentário da sua aventura brasileira, o testemunho do seu périplo. Publicou cento e cinquenta e três pranchas.

No primeiro volume, descreve especialmente os índios. Nos seguintes, pinta cenas da vida cotidiana. Aspectos de rua. Cenas históricas. O Brasil nascente. Há nessas pranchas valor artístico e valor documental. Debret é um observador atento dos modelos. Verdadeiro fotógrafo da vida brasileira. Fixou tudo com amor. Mas, além dos desenhos, há o texto. Esse texto debretiano é importantíssimo para o Brasil.

O texto acompanha, ilumina, esclarece cada gravura. São observações magníficas feitas pelo artista. Debret tem um valor documental único. A coleção vai do período da Corte de Portugal no Rio com a elevação do Brasil a Reino até a Independência, o Império, a revolução de 1831, com a abdicação.

São documentos históricos e cosmográficos. Aqui, se desenvolve progressivamente uma civilização. Diante de cada prancha litografada, uma explicação. Desenhos e notas. E uma vida palpitante, um povo, um destino social. A obra é uma descrição fiel do caráter, dos hábitos, das peculiaridades da gente brasileira.

O Império do Brasil, dizia o próprio Debret, deve ao Instituto de França a sua Academia de Belas Artes do Rio de Janeiro. O marquês de Marialva, embaixador português em Paris, ficara impressionado com o êxito da Academia do México e queria repeti-lo no Brasil.

Sérgio Milliet traduziu em 1940 a *Viagem Pitoresca e Histórica ao Brasil,* na íntegra.

"A escrita de um Rugendas ou de um Debret assemelha-se antes à de um chefe de seção em seus nobres relatórios que à de um escritor habituado ao valor das palavras e aos segredos da sintaxe. As obras desses viajantes são documentos e o papel do tradutor limita-se ao de um simples paleógrafo." Assim nos fala Sérgio Milliet na sua introdução.

E acrescenta — "Bem sei que se pode perguntar: por que então traduzir essas obras? Evidentemente, do ponto de vista literário, não haveria motivo algum para fazê-lo. Nem só de literatura vive o homem. E cada vez mais de documentos, de dados objetivos, úteis à solução de seus problemas modernos.

"Exatamente pelos motivos expostos, Debret se apresenta como um autor difícil. Minucioso, mas pouco claro, prolixo nas narrativas, descuidado no estilo, a cada frase um problema de tradução se impõe. Procurei manter-me o mais perto possível do original, muitas vezes em detrimento da elegância da frase, mas sempre em benefício da fidelidade ao texto e ao valor documental da obra."

Publicaram-se os três volumes em dois tomos, com notas abundantes de Sérgio Milliet.

Podemos dizer que a missão artística foi positiva para o Brasil. A missão de fato abriu uma era nova para a arte brasileira. Houve terríveis dificuldades concretas e miúdas, oposições, intrigas, questiúnculas, difamações mesquinhas. Resistências ridículas. Conflitos. Até que conseguissem os franceses criar aqui a primeira Academia de Belas Artes. O meio era acanhado. Os estrangeiros eram malvistos. Parecia que eles, os franceses, vinham tomar o que era naturalmente dos brasileiros. Foi uma batalha surda e terrível. E Debret foi de uma coragem, de uma persistência notável. Uma quase obstinação. Havia nele entusiasmo pelo Brasil. E pela sua tarefa.

Quis ensinar aos jovens brasileiros a sua arte bem-amada. Alguns membros da missão voltaram à França, desolados. Não assim Debret. Ficou entre nós amorosamente. Não desanimou logo. Não se deixou abater. Não se deixou atemorizar. Resistiu. Prosseguiu. E nos deixou retratos da família real, quadros históricos e esboços que seriam o rico material do seu livro.

Fatigado e saudoso da Europa, regressou depois do 7 de abril. Mas, em Paris, ficou pensando no Brasil, no Rio, nos seus estudos brasileiros. E mergulhou naquilo tudo. E quis logo dar-nos o livro da sua viagem, que ficou sendo o livro da sua vida, as memórias da sua peregrinação brasileira. O roteiro das suas descobertas.

Expirada em 1834 a licença que o governo brasileiro lhe dera em 1831, pediu Debret a Araújo Porto Alegre que apresentasse no Rio a sua renúncia ao cargo de lente. Em 1837, o governo brasileiro concedeu-lhe uma pensão, em reconhecimento aos seus serviços. Era a homenagem do Brasil aos trabalhos do artista, ao longo do tempo.

Em 1839, o Instituto Histórico e Geográfico Brasileiro o elegeu seu sócio. Ainda dirigiu por quinze anos o *atelier* dos alunos de Louis David. Passou os últimos anos com o irmão, François, nascido em 1777, com quem tanto se entendia. Morreu a 28 de junho de 1848, aos oitenta anos de sua idade.

O irmão sobreviveu-lhe dois anos. E Taunay, no seu ensaio a respeito da missão artística de 1816, assim caracteriza a obra de Debret:

"Não há quem desconheça o valor dessa obra, repertório inigualável, quadro fiel quanto possível dos costumes nacionais do período dos primeiros anos do Brasil imperial, tão mal documentado quanto à imaginária. A visão europeia de Debret extasia-se diante do Novo Mundo. A floresta, o mar, o céu, os homens, os animais eram para Debret um universo novo e estranho, encantador, original. Foi sem dúvida o maior cronista da vida colonial brasileira. Sem ele, não teríamos uma documentação tão sólida, tão abundante e verdadeira do meio social e da paisagem humana da época. Os seus estudos, os seus quadros, os seus desenhos revelam uma terra dum pitoresco, dum motivo sociológico imenso e onde os historiadores e artistas muito têm que aprender, porque Debret, a par da técnica, que é cheia de encanto e interesse, prende ainda pela novidade, pela curiosidade dos temas tratados. Os pesquisadores podem assim ver facilmente os costumes do Brasil, de uma terra que madrugava para a civilização."

Taubaté, Lorena, Guaratinguetá, Jacareí, Aparecida, São Paulo, Curitiba, Santa Catarina, tudo aparece na sua obra, com fidelidade, com minúcia. O livro de Debret foi editado por Firmin Didot Frères, num total de quinhentas páginas. As litografias foram feitas no estabelecimento Thierry Frères. A edição foi muito limitada, só duzentos exemplares. Debret dedicou o livro aos membros da Academia de Belas Artes do Instituto de França.

Para a história do Brasil nas duas primeiras décadas do século XIX, a documentação iconográfica debretiana é de um valor excepcional. O desembarque da arquiduquesa Leopoldina, a aclamação de Dom Pedro I, a sagração, tudo ele documentou com o seu traço tão exato e até carinhoso. Há um xodó pelo Brasil neste pintor europeu.

A missão francesa foi, no dizer feliz de Oliveira Lima, um "verdadeiro sonho da Renascença" *(Dom João VI no Brasil,* p. 628). Debret encarnou melhor do que nenhum outro esse belo sonho renascentista no trópico, em plena aurora do século XIX. Debret foi a perseverança, a continuidade, a *tenacitas,* o espírito de fidelidade.

A revista *Niterói,* de Domingos José Gonçalves de Magalhães, Araujo Porto Alegre e Torres Homem, editada em Paris, noticia o aparecimento de *Voyage Pittoresque et Historique au Brésil.* O livro teve uma fortuna crítica reduzida. Mas lhe estava reservada uma longa posteridade, uma vida extraordinária e fecunda através dos anos.

Como professor de pintura e como pintor, não teria tido a expressão, o relevo que veio a possuir. A sua glória, a sua sobrevivência veio-lhe do livro da *Viagem Pitoresca.* Esse livro o representa diante da posteridade. A obra não teve repercussão imediata. Houve restrições. Talvez o que havia de rude realismo nas suas cenas de escravos e da vida popular do Rio tenha perturbado alguns. Mas por isso mesmo Debret ficou — pelo seu objetivismo. Foi de uma objetividade total.

Sim, a sua objetividade o salvou. A obra é um documento de valor único. Ele nos ajuda a estudar, a compreender aquele período capital que vai de 1816 a 1831, isto é, o nascimento do Brasil como nação. Mas só um século depois da primeira edição, já remota, é que saiu a primeira tradução brasileira, que devemos a Sérgio Milliet, que era no fundo um franco-brasileiro, ou seja, alguém que estudara na Europa, sob a influência do espírito francês.

Um século depois da aparição do último volume, aparecia a edição brasileira, integral, fidelíssima. E enriquecida por uma nota do erudito Rubens Borba de Morais. Milliet e Borba se uniam no culto de Debret. Jean-Baptiste é um milagre de realismo, de observação, de meticulosidade, de objetivismo. A sua objetividade é maior do que a de Rugendas. Mesmo a sua clareza é maior. A grande vantagem dele é permanecer no campo objetivo da descrição. Debret faz justiça ao mulato brasileiro.

"Examinando-se esses mestiços no seu estado de perfeita civilização, particularmente nas principais cidades do Império, já se encontram inúmeros gozando da estima geral que conquistaram com o seu êxito nas ciências e nas artes, na medicina ou na música, na matemática ou na poesia, na cirurgia ou na pintura, êxitos cuja utilidade ou encanto deveria constituir um título a mais em prol do esquecimento dessa linha de demarcação que o amor-próprio traçou mas que a razão deverá apagar um dia" (I vol., p. 109).

Debret simpatizava com o Brasil e seu povo. Ele fala do caráter do brasileiro com perfeição. "O brasileiro, geralmente bom, é dotado de uma vivacidade que se vislumbra nos seus olhos pretos e expressivos." Há, no brasileiro, uma tendência inata para a poesia, diz ele.

"O habitante do Brasil é bem feito. Veste-se na cidade com um asseio meticuloso." O brasileiro é "orador sutil e brilhante". "Orgulhoso da sua erudição", a citar "os menores incidentes da Revolução Francesa". "O luxo europeu o seduz". Não é bem um retrato do Brasil? "Nas reuniões brasileiras, a dança e a música brilham entre elegantes *toilettes* imitadas da moda francesa mais recente".

E Debret conclui — "Eis o homem que em três séculos viveu toda a civilização da Europa e que, instruído por seu exemplo, poderá brevemente apresentar rivais no talento." É a palavra de um otimista ou de um amigo. Debret foi um amigo do Brasil e dos brasileiros.

O perfil do brasileiro é delicioso — "Anda de cabeça erguida, mostrando assim a sua fisionomia expressiva; as sobrancelhas são bem marcadas, pretas como os cabelos; os olhos grandes e vivos, os traços móveis e o sorriso agradável. Sua estatura geralmente pouco elevada dá-lhe grande flexibilidade e muita agilidade" (p. 100).

A importância da sua obra cresce. É um amplo documentário pictórico (e gráfico) sobre a natureza, a sociedade, os hábitos, o homem brasileiro do início do século XIX. E Debret observa — "Possa este rápido progresso da civilização não alterar nunca a antiga hospitalidade brasileira, que caracterizou durante vários séculos esse povo naturalmente bom e digno de figurar em primeiro plano entre as nações generosas de que a Europa se pode vangloriar". Lá está no fim do I tomo, p. 291.

Debret veio criar o ensino de pintura no Brasil. Antes da missão, só havia no Rio uma aula de desenho e figura, criada por carta-régia de 20 de novembro de 1800. Funcionava na Rua do Rosário, esquina de Ouvidor, defronte da Igreja de Nossa Senhora da Conceição e Boa Morte. Foi seu diretor e professor, vinte e seis anos, Manuel Dias de Oliveira.

Infatigável Debret. Deixou no Brasil discípulos fiéis. Manuel de Aráujo Porto Alegre, o maior de todos, o predileto, Francisco Pedro Amaral, diretor das obras de pintura dos palácios imperiais e da Biblioteca Imperial, José da Silva Arruda, pintor de História Natural, secretário da Academia, Francisco de Souza Lobo, José dos Reis Carvalho, professor de Desenho da Escola naval, Joaquim Lopes de Barros Cabra, professor de Pintura Histórica, José de Cristo Moreira, Afonso Falcoz, Guilherme e Augusto Muller, Simplício Rodriguez de Sá, substituto de Debret na cadeira de Pintura Histórica.

Raimundo Ottoni de Castro Maia, bibliófilo sagaz, descobriu em Paris — nas mãos de Morize, casado com bisneta de Debret — os trabalhos que o artista empreendera no Brasil para o seu livro. Várias aquarelas não tinham sido reproduzidas. Castro Maia adquiriu-as. E publicou o material num álbum, em 1954, numa edição de apenas quatrocentos exemplares. Os originais das duas edições e outros inéditos estão na Fundação Raimundo de Castro Maia, num total de quase quatrocentas peças.

O destino de Debret foi este — vir ao Brasil, conhecer o Brasil, observá-lo, percorrê-lo, fixa-lo. Voltou para a Europa, aos sessenta e três anos, e em Paris se pôs a rever a sua viagem, a refazê-la pelo espírito. Debruçou-se sobre o seu material precioso e imenso. E foi reunindo tudo num livro, que lhe documentou a longa *peregrinatio* tropical. Em Paris, pensava no Brasil, revia o Brasil.

Debret se identificou ao Brasil. O seu destino pessoal e artístico está preso ao nosso povo, à nossa paisagem, às cenas brasileiras que ele pintou, ao que ele viu entre nós com o seu olho agudo e delicado. Foi um pintor atento. Foi um apaixonado de nossa terra e de nosso povo. A gente brasileira o fascinou.

E para sempre ele ficou entre nós através do seu livro. Debret voltou definitivamente para o Brasil. Debret ficou para sempre no Brasil. O seu livro o representa. Terá ele tido consciência da longa sobrevivência do seu livro da *Viagem Pitoresca e Histórica ao Brasil?* Terá ele percebido que esse livro perduraria? Terá ele desconfiado que as suas litografias atravessariam o tempo, atravessariam o mar, como ele o atravessou no veleiro norte-americano de 1816?

Pintor Debret, que fixastes o Brasil na sua aurora nacional, Debret, que soubestes ver o Brasil e imortalizá-lo através da arte, da tua humilde arte, o

Brasil te agradece e te reverencia. O Brasil te é fiel. O Brasil valoriza cada vez mais a tua obra singela e verdadeira. Sim, a obra é verdadeira, exata. E, por isso, perdura, sobrevive. Viaja pelo tempo, como viajou pelo espaço. Impávida. Serena. Precisa. Fiel.

Aqui estão as peças imperecíveis de nosso Debret. Uma por uma, conservadas, reproduzidas, revistas. Aqui estão elas. Voltaram para o Brasil, aqui ficaram. Aqui serão guardadas carinhosamente para sempre. Debret e suas visões brasileiras.

O brasileiro Debret está entre nós, vitorioso em relação ao tempo e suas vicissitudes. O brasileiro Debret. Invicto diante dos vendavais que devoram tudo. Ele não foi devorado pelo tempo. Ele venceu o tempo.

Aqui o vemos, neste álbum. A partida do Havre, em janeiro de 1816. Aqui, começa a sua viagem para o Brasil. Há uma leveza tão grande, nestes esboços, que inauguram um destino. Aqui, a entrada da baía do Rio de Janeiro, em março de 1816. O primeiro contato com a terra do Brasil, o seu encontro com a nossa paisagem.

Debret já está no Brasil e começa a observar-nos. E vemos a sua casa do Catumbi, com o seu pátio, com seu ar de província, um não sei quê de íntimo, de doméstico, de familiar, de aconchegante. O *atelier* do artista na sua casa do Catumbi está cheio de vida. Debret trabalha. Debret cria. E começam as cenas lépidas de rua. O traço é leve. Vemos a mulher montada de lado. Vemos o oficial da Corte a caminho do Palácio. O Santíssimo Sacramento é levado em carruagem. O estudioso lê na sua rede.

O tonel é levado numa carroça. As negras com a sua graça dançarina e desafiadora. Negros se divertem no domingo. Debret observa e imortaliza. A negra vende o seu pão-de-ló. E há o incrível vendedor de linguiças. Os negros caminham sob a chuva. Negras vendem sonhos num tabuleiro. O carvão é levado em lombo de burro. A lenha se distribui em carroça. Meninos brincam de soldados, com astuciosa leveza. E vemos os negros acorrentados.

Carregadores de café com o dorso nu trazem os sacos de café nas costas. Os escravos estão sempre tão presentes em Debret. A negra carrega folhas de bananeira com tristeza. E surge o mercador de capim seco e sapê. Quitandeiras conversam graciosamente. E negros carregam rapidamente uns porcos para a loja em que se vende carne de porco.

Inesgotável Debret. As cenas de rua estão perfeitas. Debret soube captar tudo, com infinita minúcia. O mínimo e o escondido, como queria Machado de Assis. A vida mais íntima da cidade. O cotidiano do povo. As ruelas. O desembarque de mercadorias, nas praias. O povo no seu ir e vir. O borbulhar da vida na sua concretude. Os marinheiros negros. As negras servindo refrescos numa tarde de verão. Uma bonita e jovem negra tatuada vende cajus, com melancolia.

Quanta força, neste embarque de cavalos, à beira-mar. E vemos os tropeiros de Minas, com seu ar de mistério. Os pés descalços. Tropeiros de São Paulo levam suas mercadorias. E deparamos um elegante cavaleiro montado no seu cavalo. A conversa com outro. E há os proprietários de rebanhos no Rio Grande, estranhas figuras, interrogativas. Um escravo conduz rebanhos.

E, súbito, Debret nos apresenta a sua visão do Rio de Janeiro. Debret viveu sobretudo no Rio. E conheceu intimamente a cidade. Amou-a. Vemos a cascatinha da Tijuca, perto da qual morava o seu patrício Taunay. Diante da Igreja imensa de São Francisco de Paula, a multidão festeja a chegada de sua majestade o imperador, que fora à Bahia.

Às oito e meia da manhã, 1 de abril de 1823, sai para a Bahia a expedição comandada por Lord Cochrane. E aqui está El Rey, como gostava de repetir Oliveira Lima, Dom João VI, o estadista que trouxe astutamente a Corte de Lisboa para o Brasil, desafiando Bonaparte. O retrato da Rainha D. Carlota Joaquina, mãe de Dom Pedro, faz companhia ao retrato do Rei. Segue-se Dom Pedro, como príncipe e como Imperador. E a culta Imperatriz (austríaca) D. Leopoldina.

Depois, sucedem-se, nítidas, as visões do interior, Taubaté, Bananal, Areias, que conheci, Lorena, Guaratinguetá, Aparecida, já com a sua imagem mestiça, desde o século XVIII, Jacareí, Pindamonhangaba, Mogi das Cruzes, Itu, Santos, visões e mais visões do Brasil, na sua realidade mais íntima, Santo Amaro, São Francisco, o porto de Santa Catarina.

Debret viu o Brasil com olhos de ver. Simpatia, sofrer com, participação no sofrimento, identificação profunda. Debret viajou e viu. Aqui está o mar de Santa Catarina. E, depois, Laguna, Guarapuava e a vila das Torres. O gaúcho e o paulista. Um habitante algo solene de Santa Catarina. Variado Brasil, vasto, que o artista soube perceber e retratar.

Desfila diante de nossos olhos o homem da Corte com seu hábito elegante. O membro da Câmara do Senado. O oficial superior de Cavaleiro do Cristo. Um caçador negro do Batalhão do Imperador. A guarda de honra, compenetrada, hierática. O negro almotacel. E a suavidade da negra com flores. Debret viu a negra da Bahia com seu turbante, sua beleza. Os escravos, como ele os viu e compreendeu, o fino Debret. Há nele, sem dúvida, *esprit de finesse.* Finura de percepção.

Os escravos interrogam o ambiente. As cenas de rua no Rio de Janeiro são deliciosas pela vivacidade, pela espontaneidade. Os tipos sucedem-se na sua plasticidade dengosa, na sua fluidez, no seu dinamismo, na ligeireza, na autenticidade. Infindável, dadivoso Debret. O escravo tem aqui uma dignidade muito dele, especialíssima. Escravos magros, escravos tristes, escravo vestido para o batizado. E um negro fugitivo. Um inacreditável negro com máscara metálica.

Debret viu tudo. Viu os peixes, o badejo gordo, algo parecido com Dom João VI, seu ar de espanto. E há o lagarto sibilino. Múltiplo Debret, sensível a plantas, a bichos, a frutas, à vida na sua inteireza. E começam, convidativas, a aparecer as frutas saborosas, o coco, a goiaba, o esplêndido maracujá, a cana-de-açúcar, o cambucá, o mamão, a manga sumarenta, frutas do Brasil, vasto Brasil. Debret percorreu o Brasil. Os olhos bem abertos, bem gulosos. Não queria perder nada. Queria ir ao fundo da vida. Sim, nada lhe escapou, a esse Debret, que tem alguma coisa de molieresco no olhar. Ele parece um ator, um malicioso ator, com seu não sei quê de zombeteiro. Ironia muita. E essa ironia soube ver-nos. Soube intuir todos os aspectos da realidade complexa. Debret variado.

Não hesitou em trazer para nós os mais recônditos fragmentos de uma vida múltipla e surpreendente. Os aspectos mais rudes, mais toscos, mais pobres, mais corriqueiros de nossa vida. Debret foi bem o pintor do Brasil, de um Brasil que nascia, que apenas começava, um Brasil novinho em folha, um Brasil engatinhante, inexperiente, espantoso. O Brasil dos escravos, o Brasil dos soldados, o Brasil dos tropeiros, o Brasil das coisas simples, das coisas cotidianas. Um Brasil *Casa Grande e Senzala*, que depois Gilberto Freyre retomaria com um profundo senso poético.

Este álbum no-lo traz, na sua integridade, na sua genuinidade cativante, a este Brasil misterioso, gracioso, perdido no fundo do tempo, restaurado graças a Debret com seus traços tão sinceros, tão verdadeiros. É a verdade que salva Debret. Ele é um artista a serviço da verdade. Por isso, nós o amamos. Porque ele nos amou primeiro. Agora, nós lhe retribuímos, pois amor com amor se paga. Debret amou o Brasil. E o Brasil faz que ele reviva. Que ele reviva, para que o Brasil reviva nele, o retratista Debret, aquele que soube, sim, nos retratar, tal como fomos em certos instantes do nosso viver coletivo.

Há um cheiro de povo, nestas páginas de Debret.

Antônio Carlos Villaça

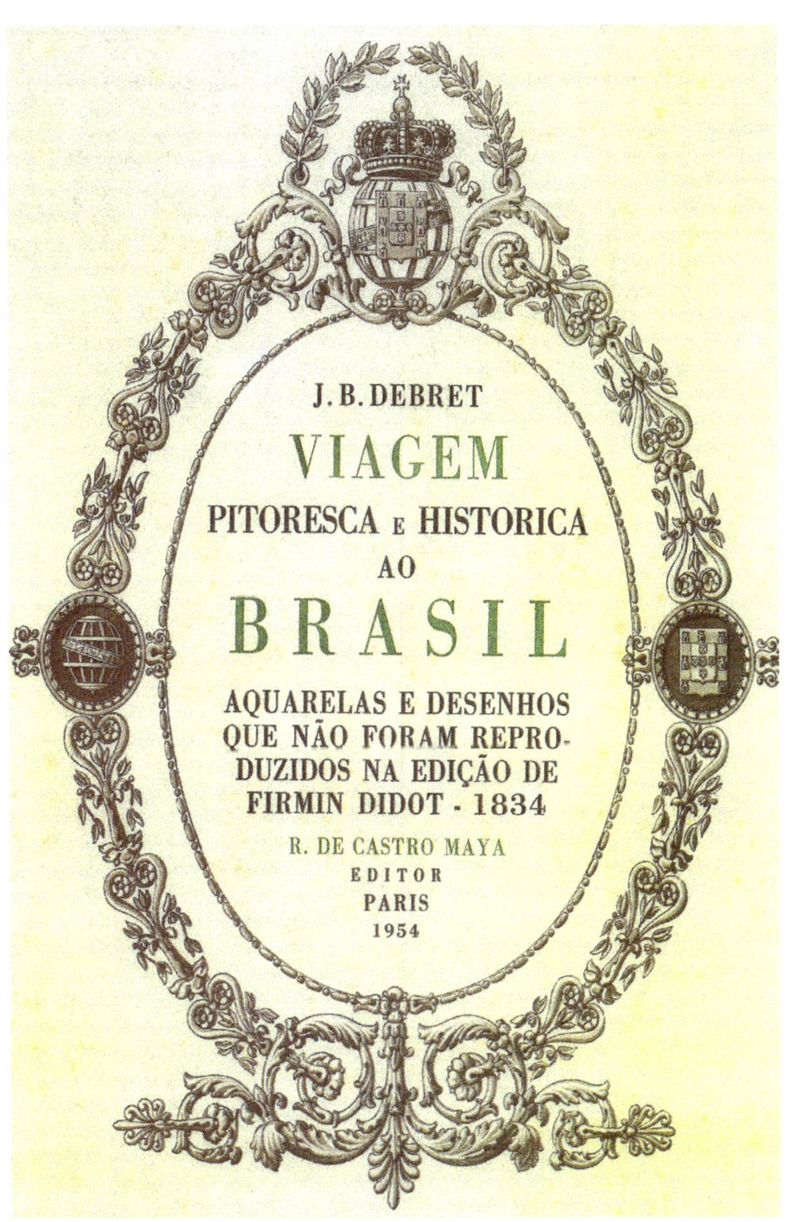

J. B. DEBRET
VIAGEM
PITORESCA E HISTORICA
AO
BRASIL
AQUARELAS E DESENHOS
QUE NÃO FORAM REPRO-
DUZIDOS NA EDIÇÃO DE
FIRMIN DIDOT - 1834
R. DE CASTRO MAYA
EDITOR
PARIS
1954

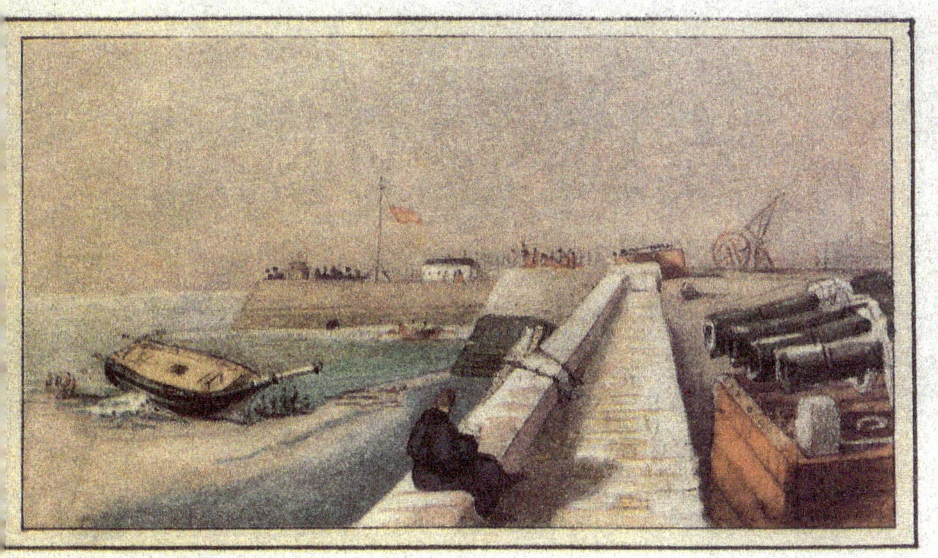

2

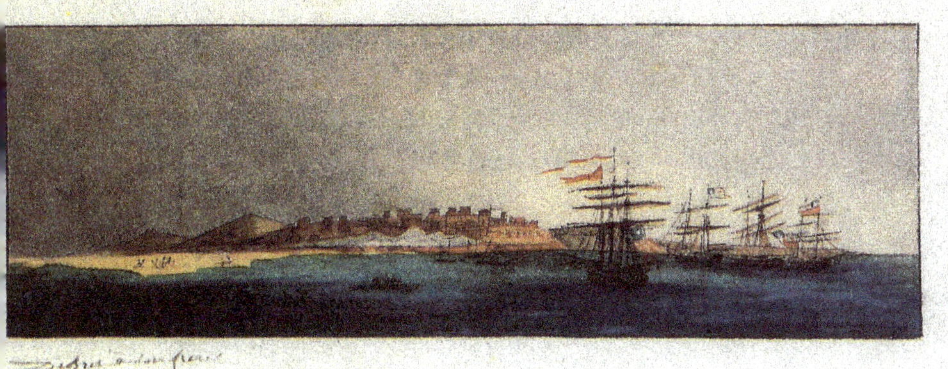

3

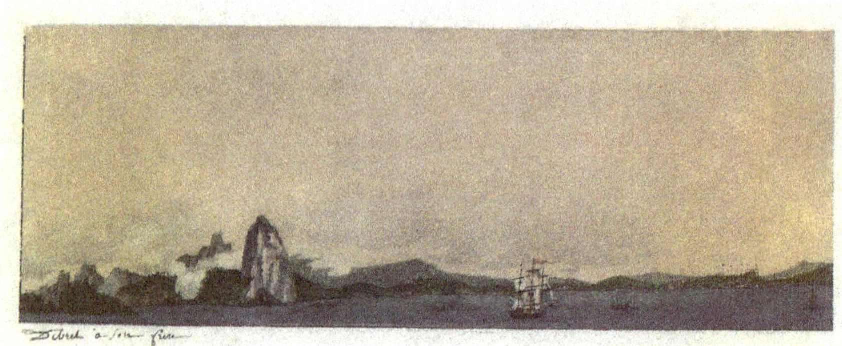

4

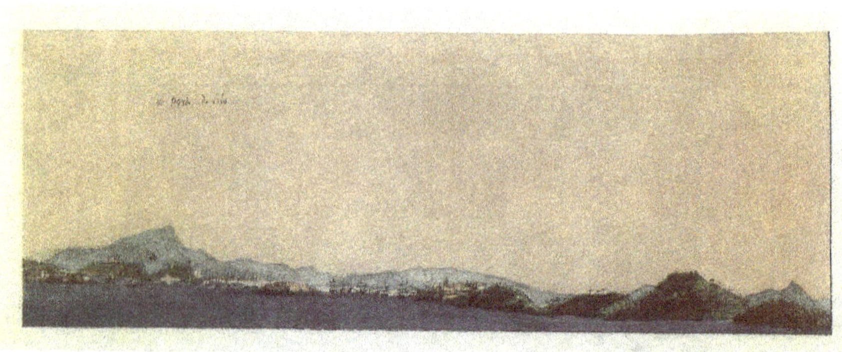

5

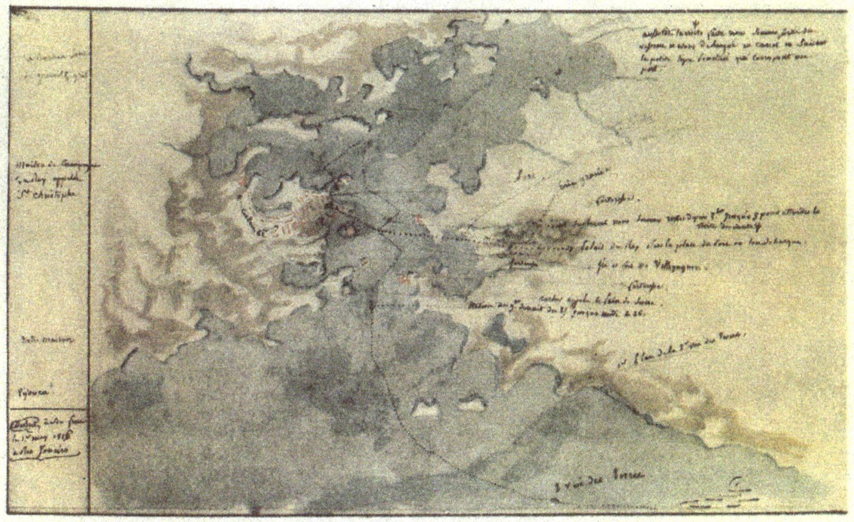

6

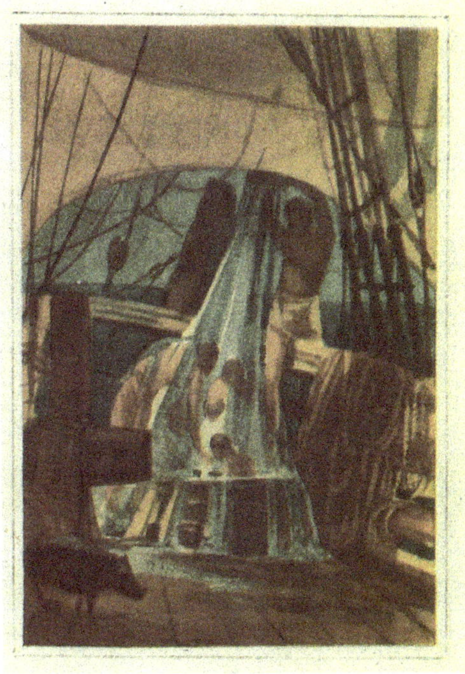

7

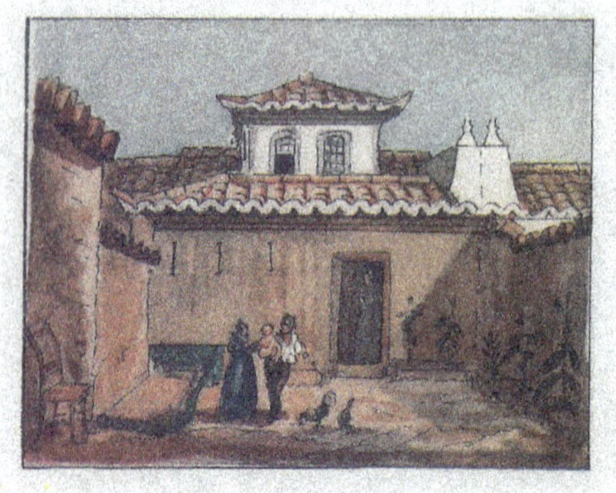

8

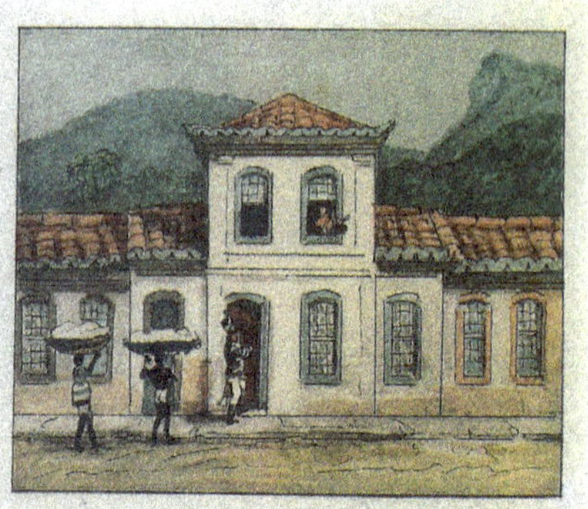

9

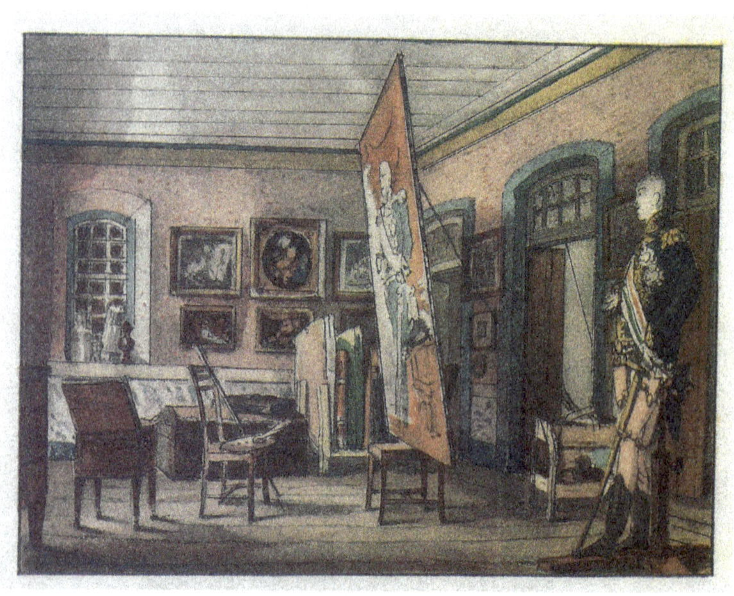

10

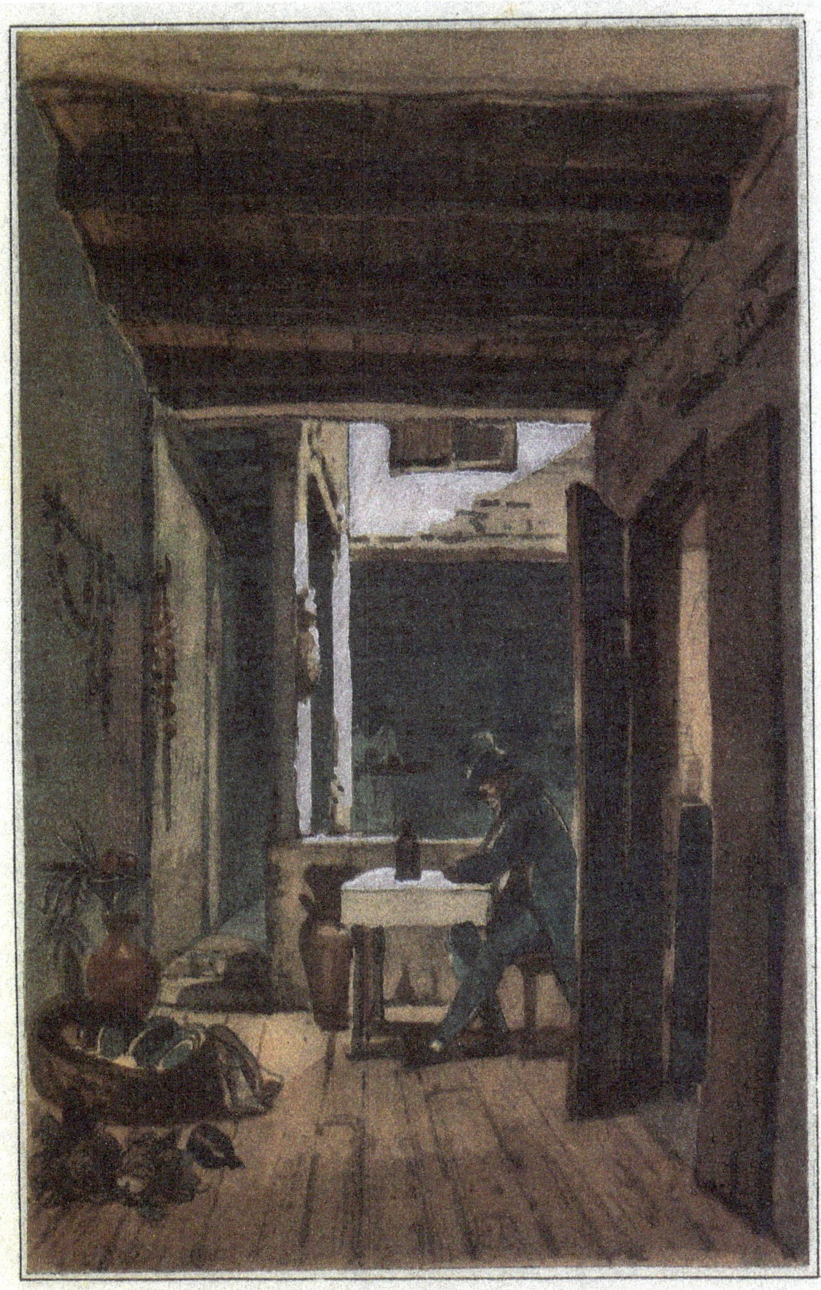

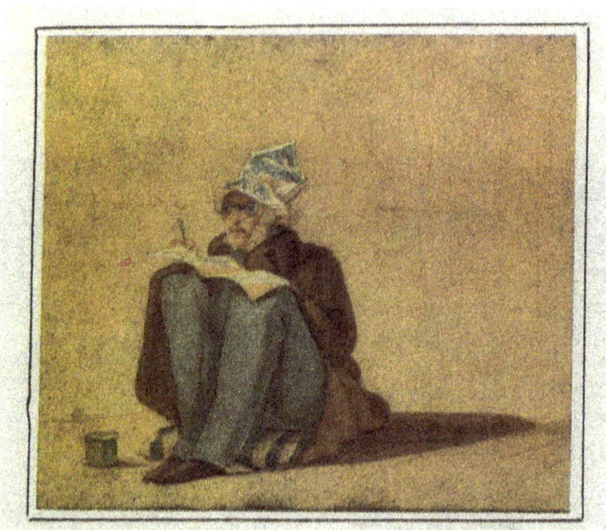

12

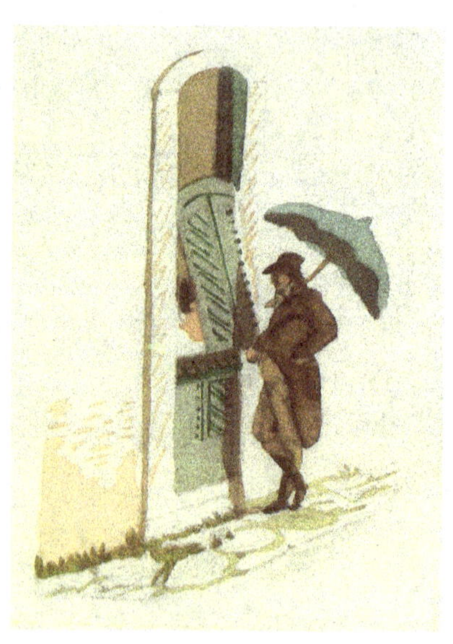

13

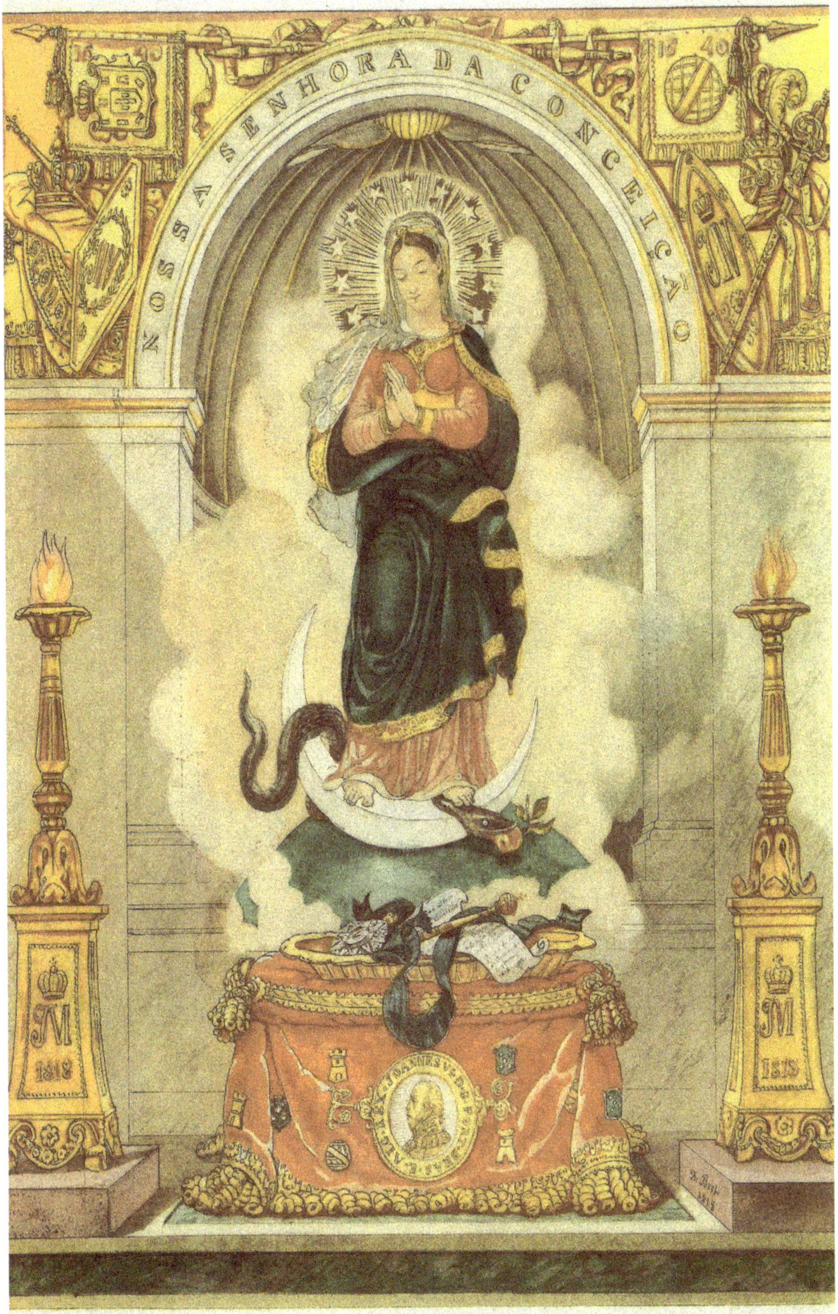

14

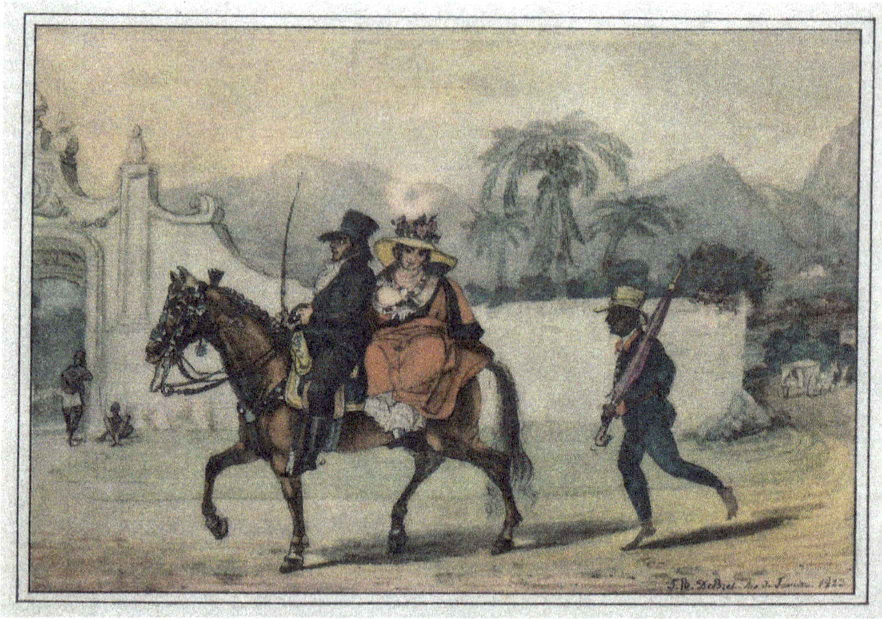

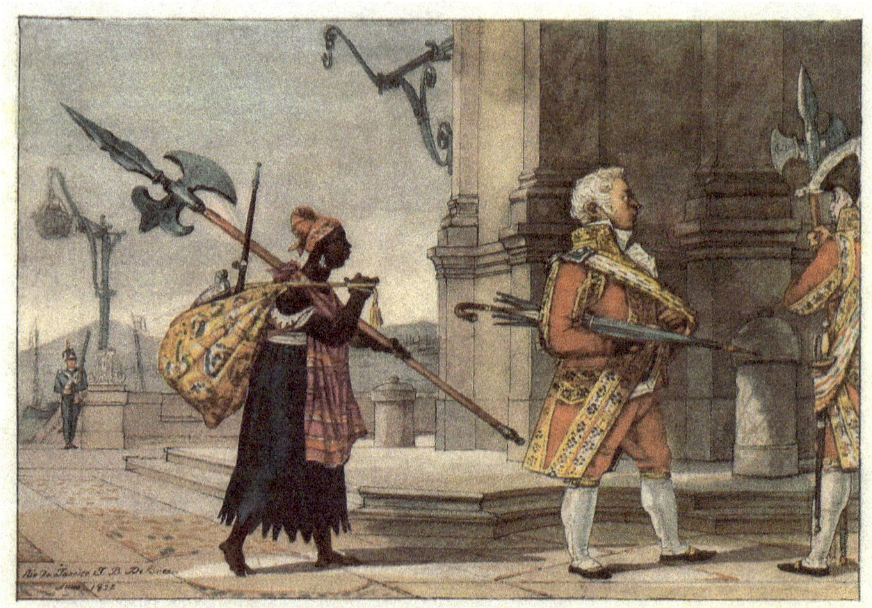

15

16

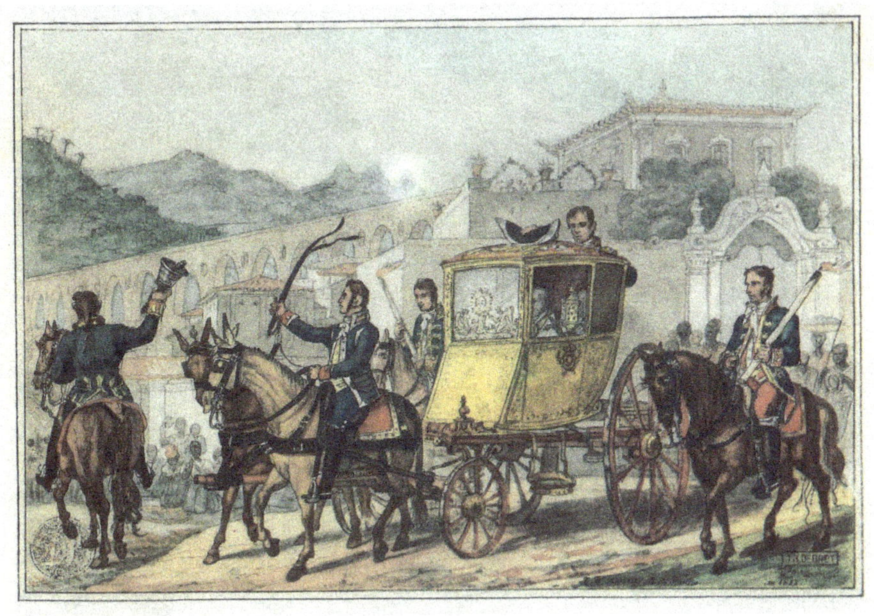

17

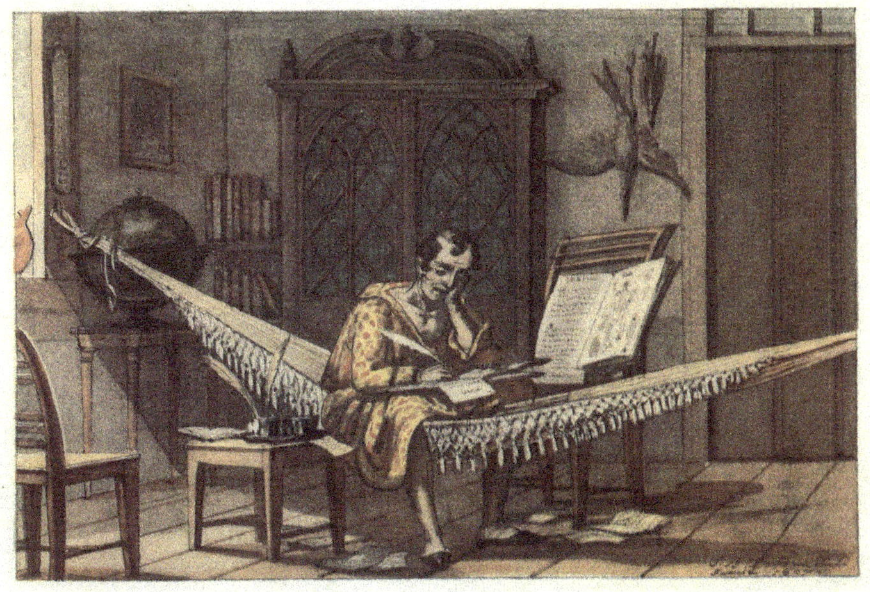

18

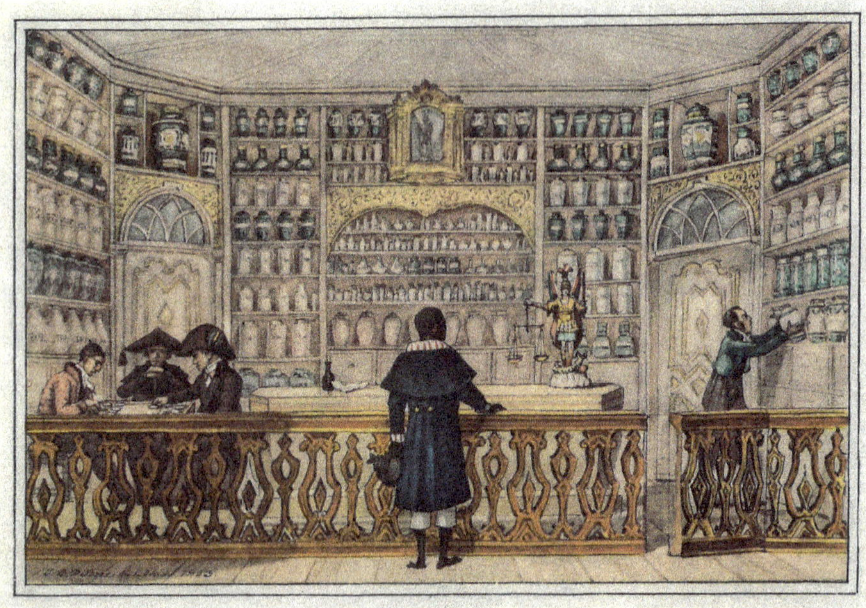

19

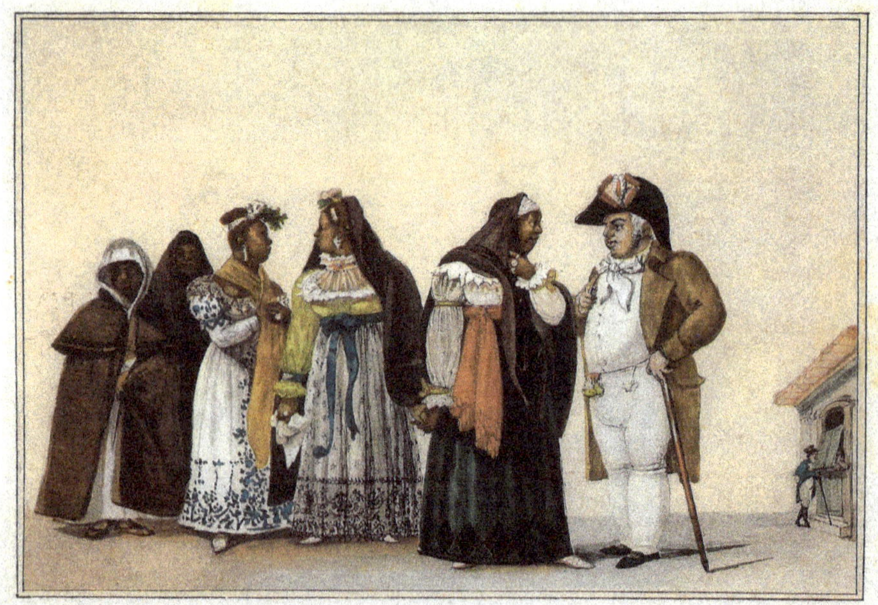

20

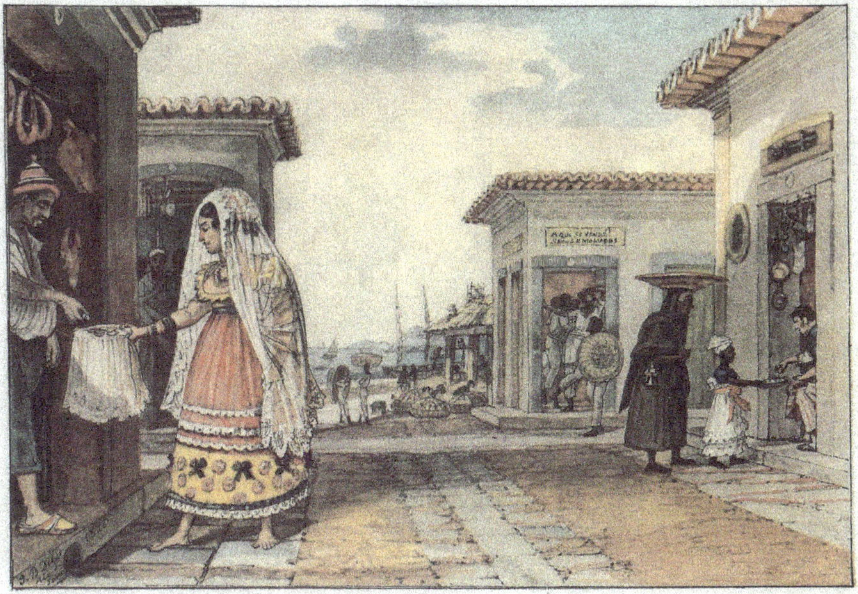

21

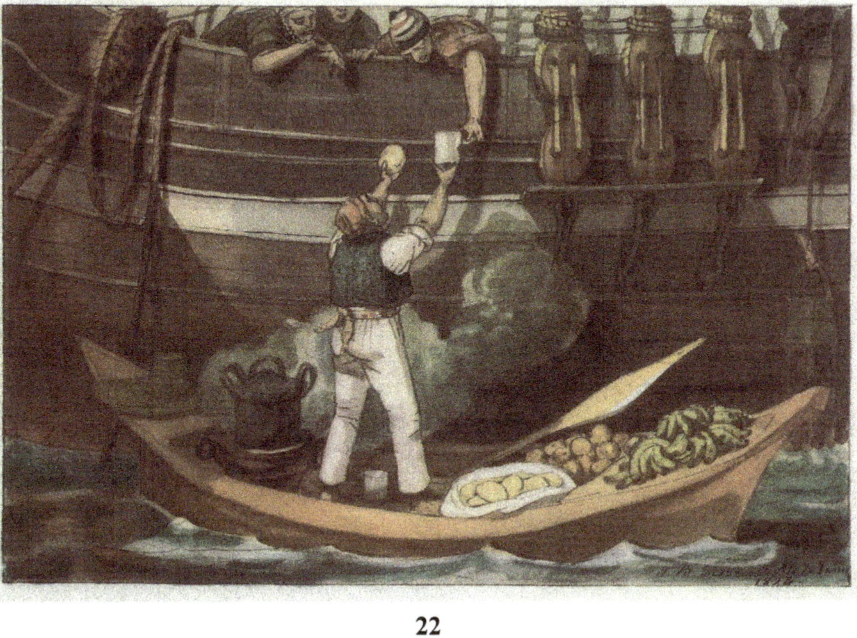

22

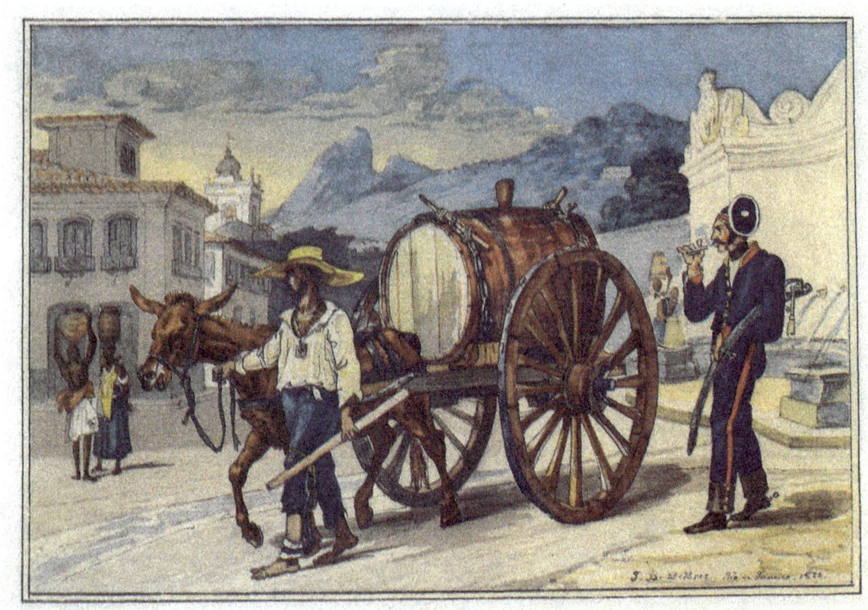

23

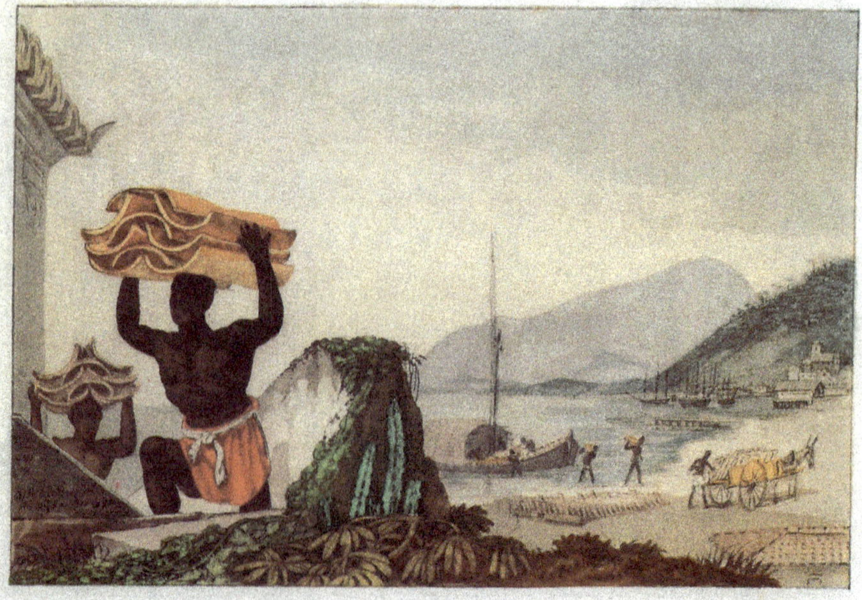

24

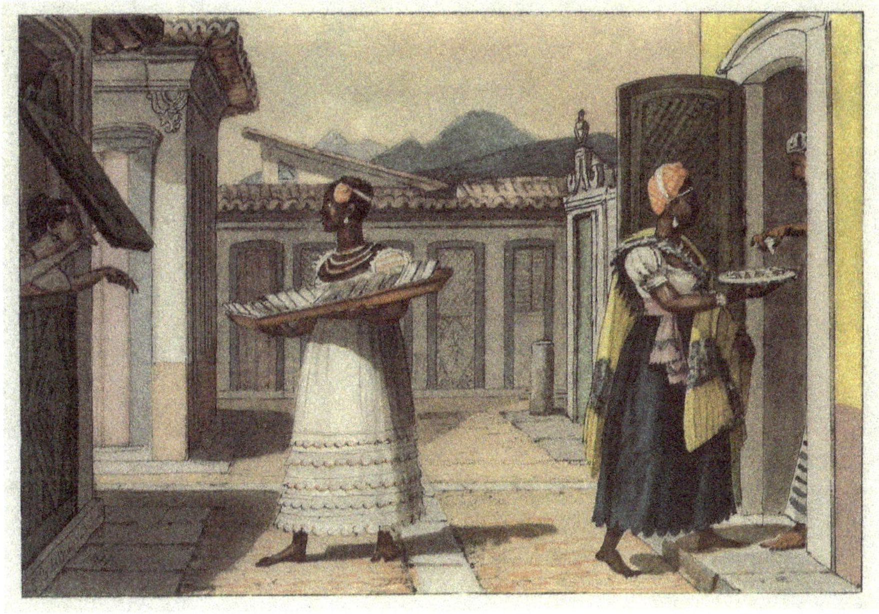

25

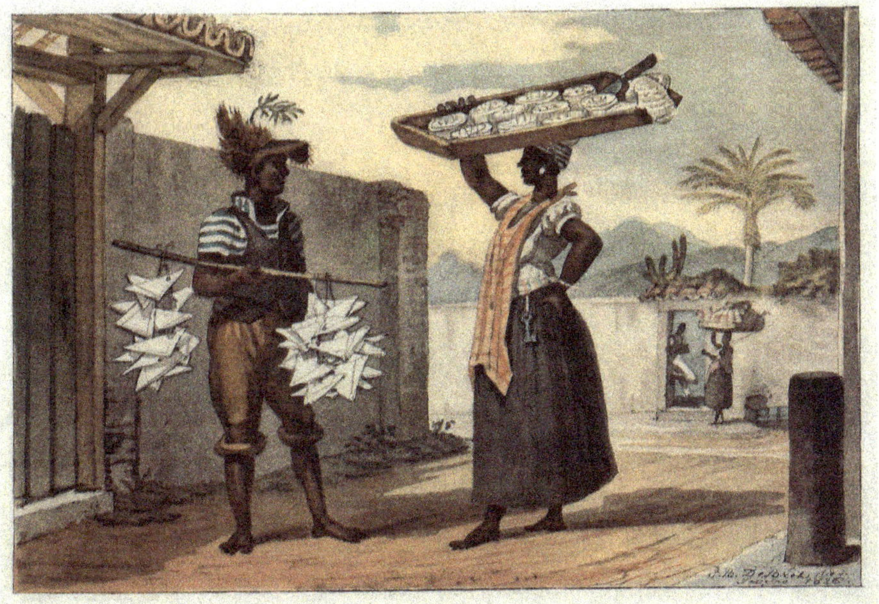

26

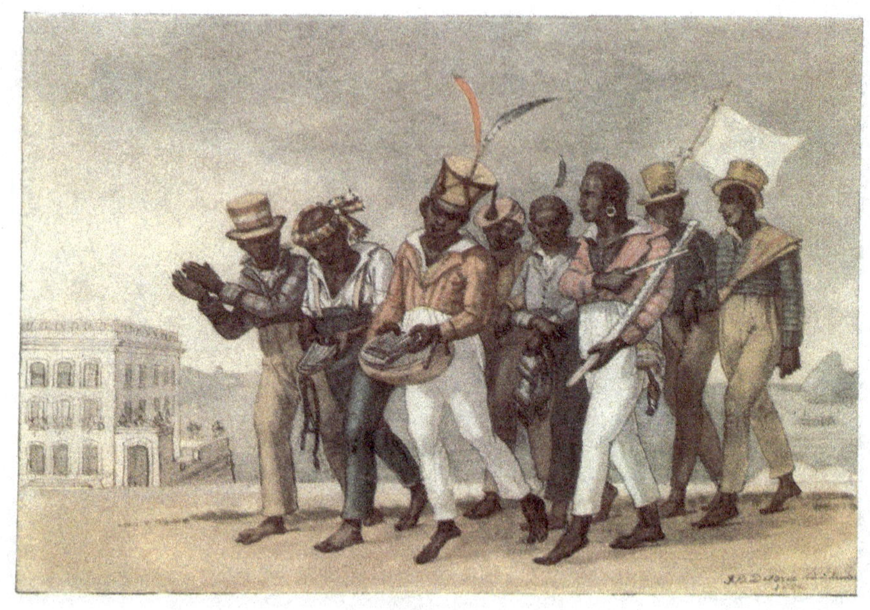

27

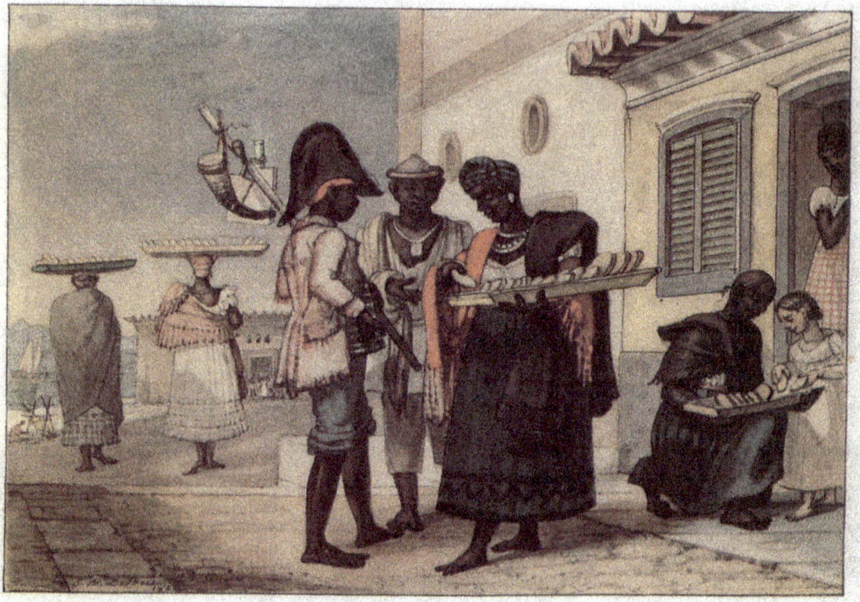

28

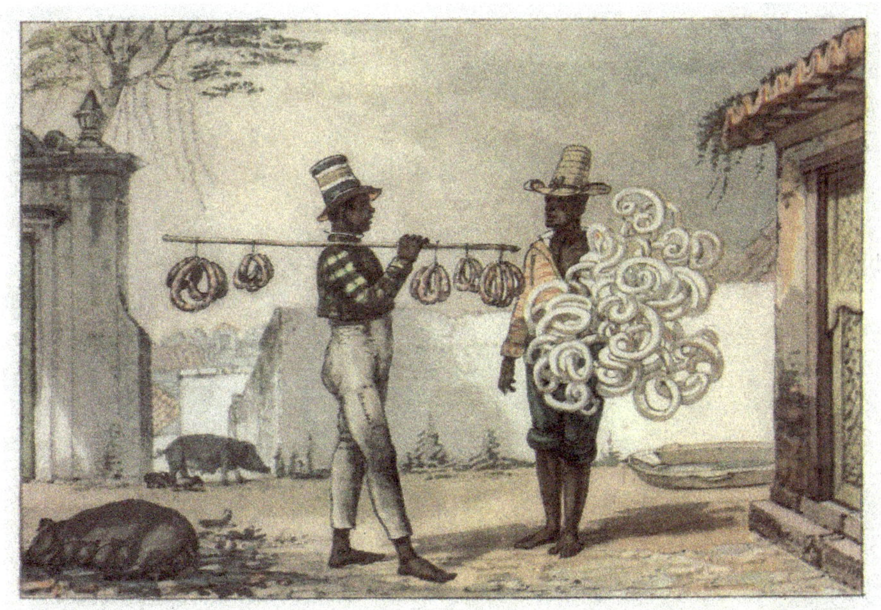

29

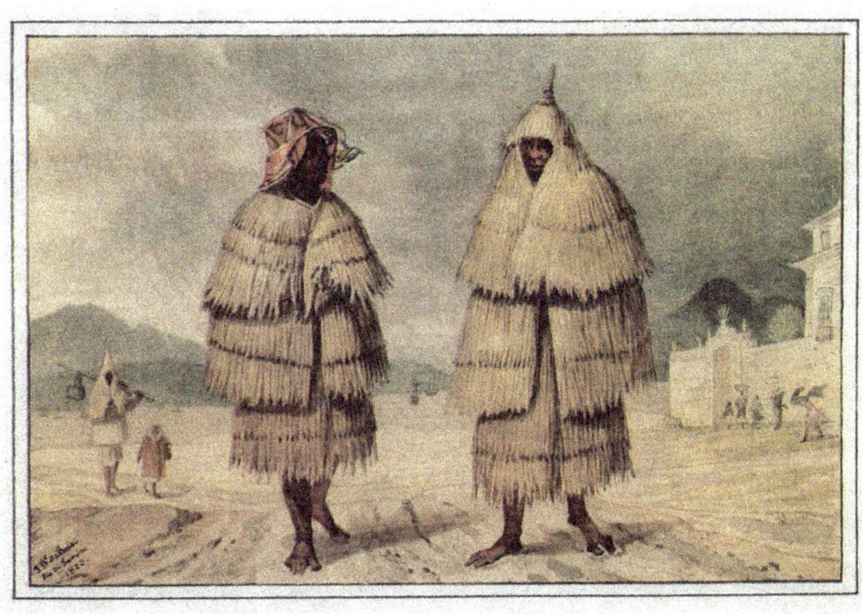

30

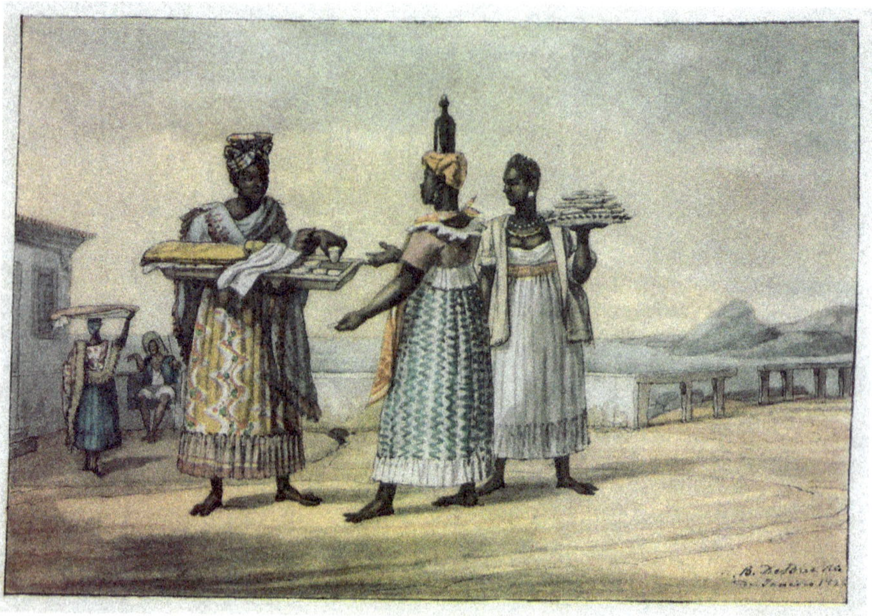

31

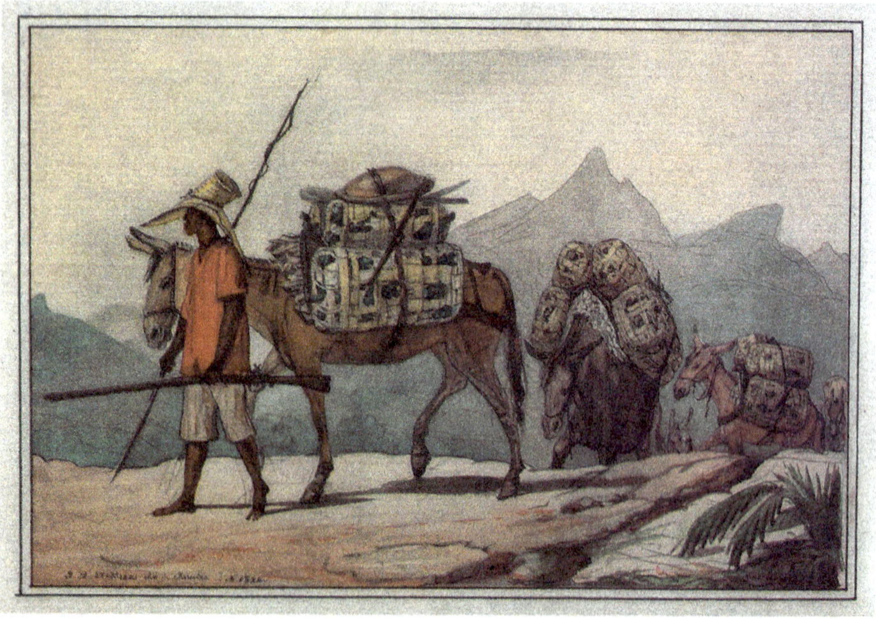

32

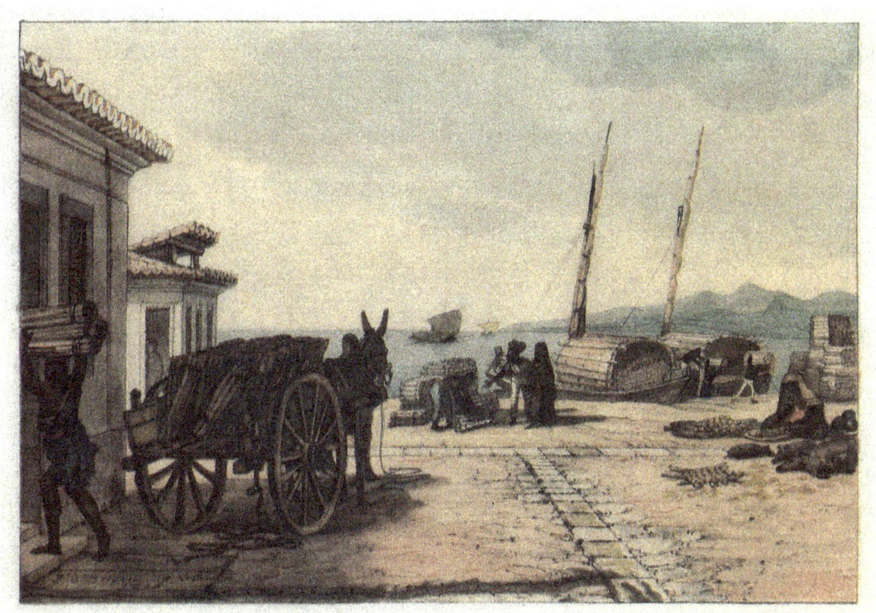

33

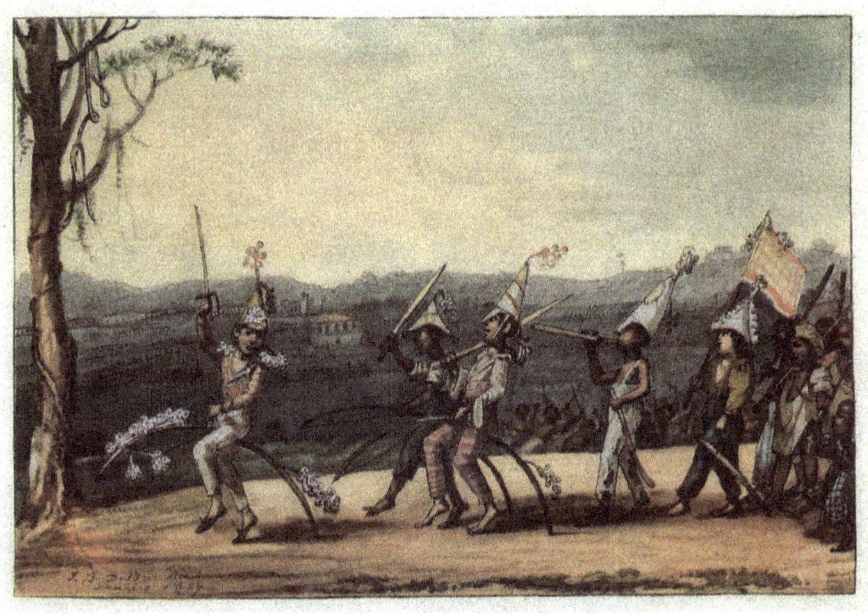

34

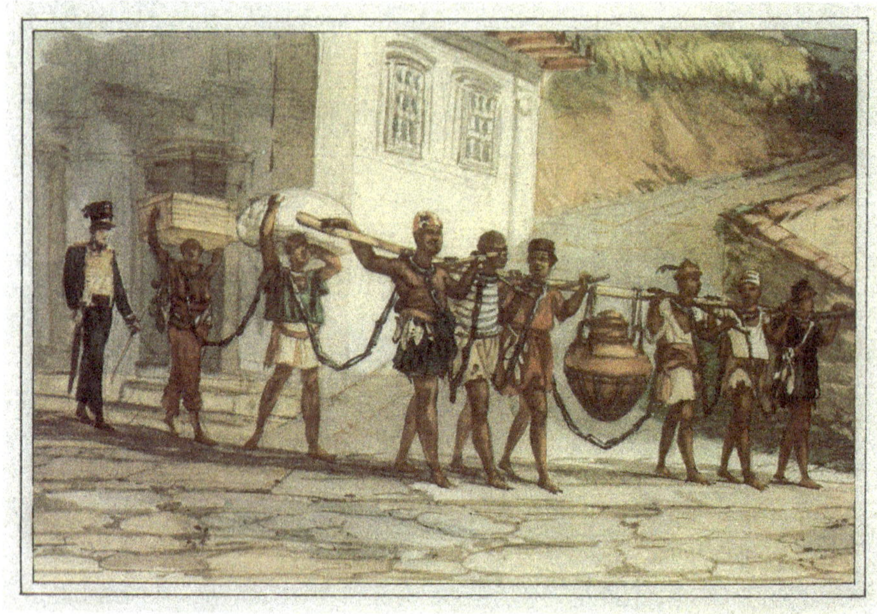

35

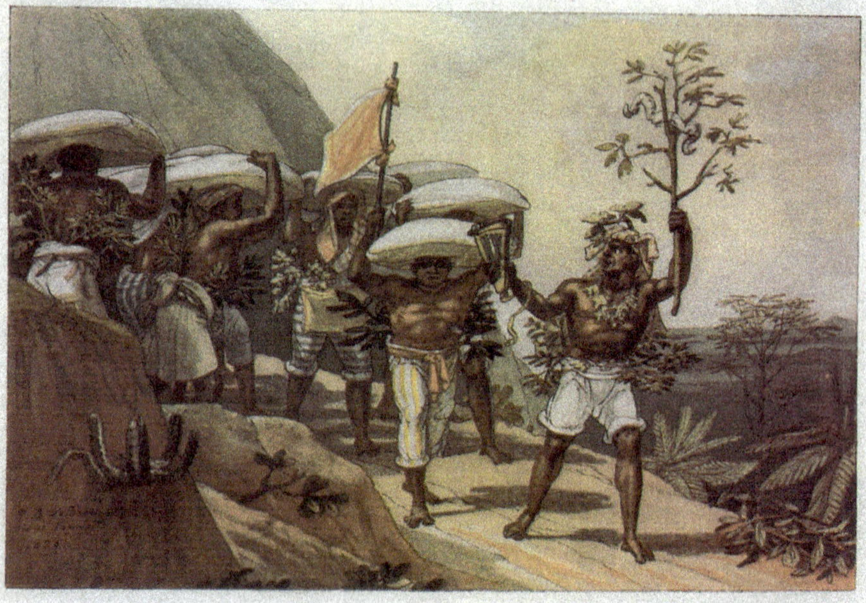

36

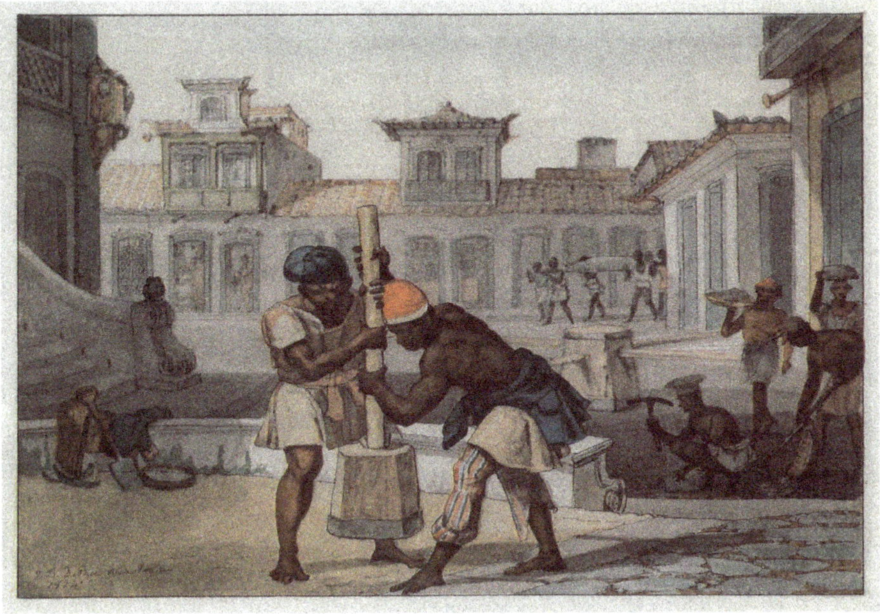

37

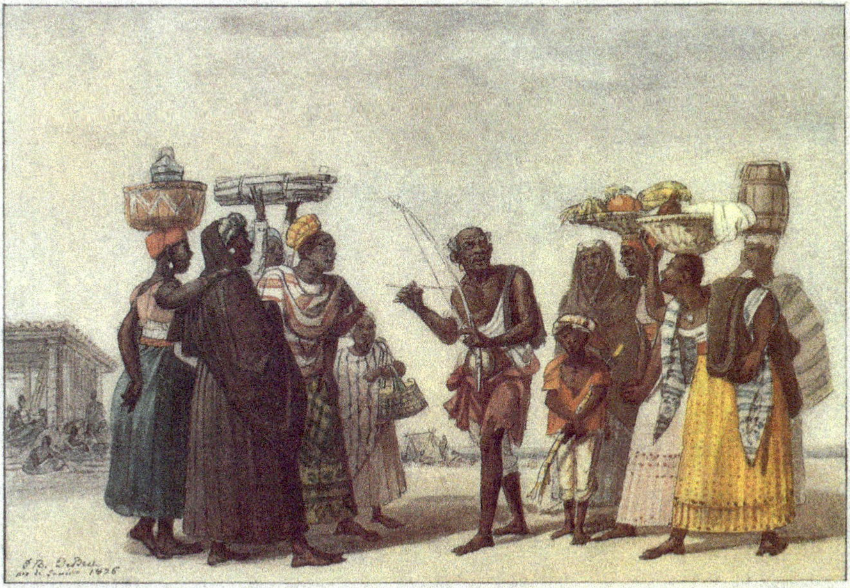

38

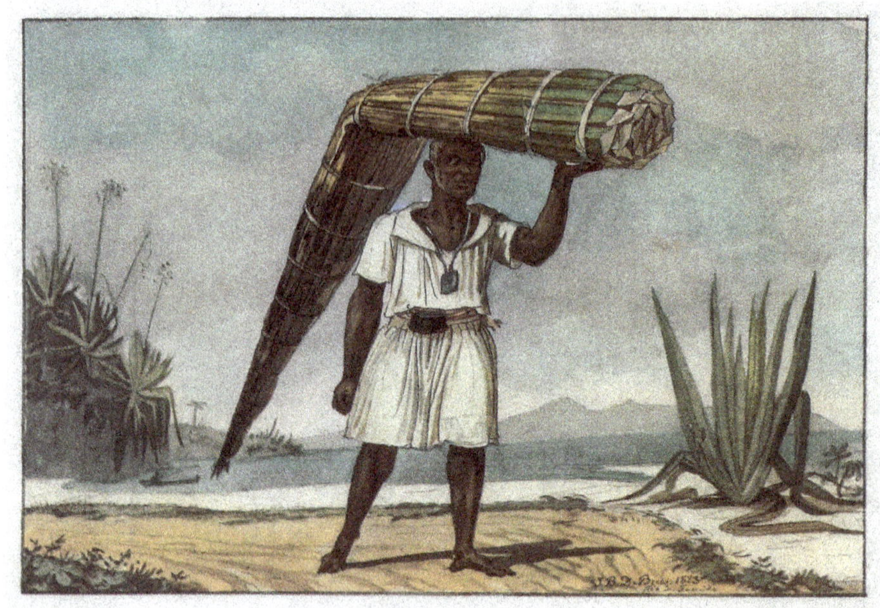

39

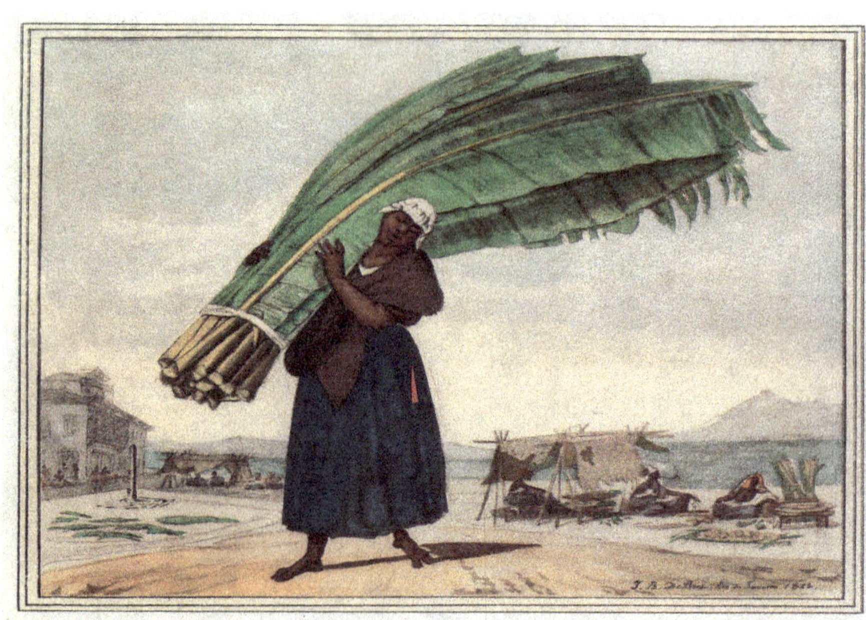

40

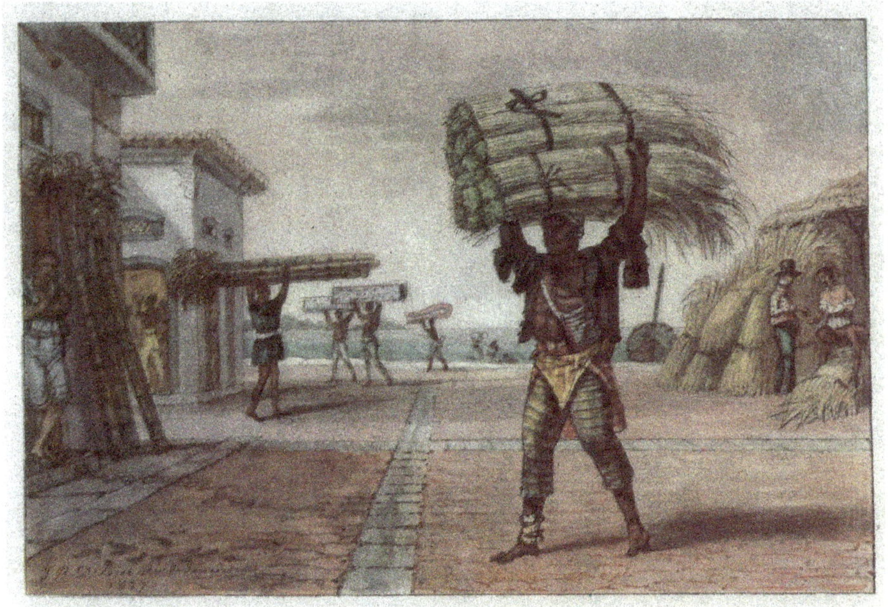

41

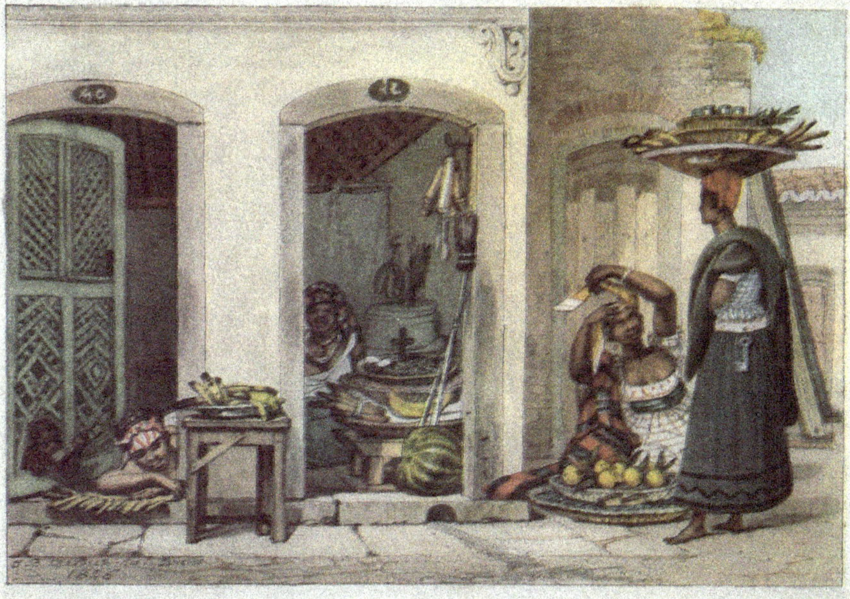

42

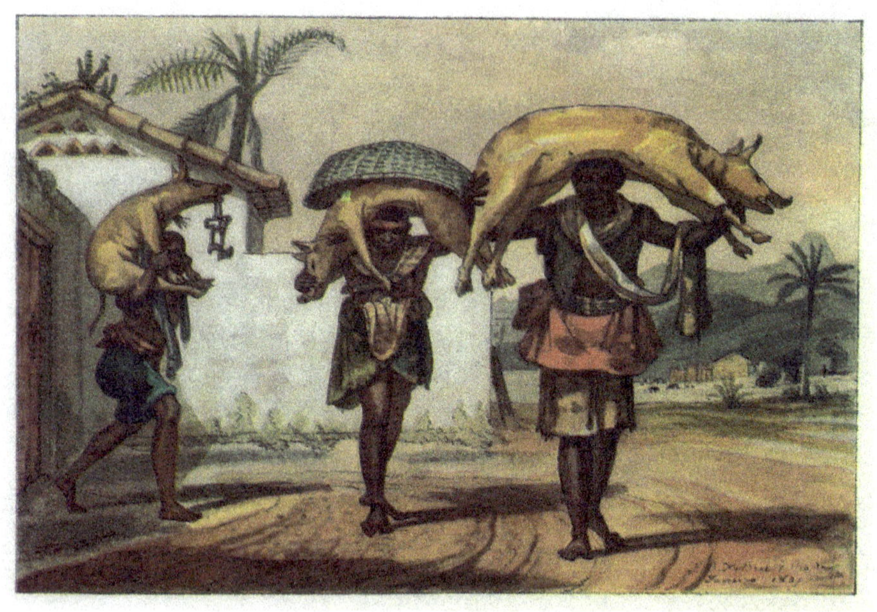

43

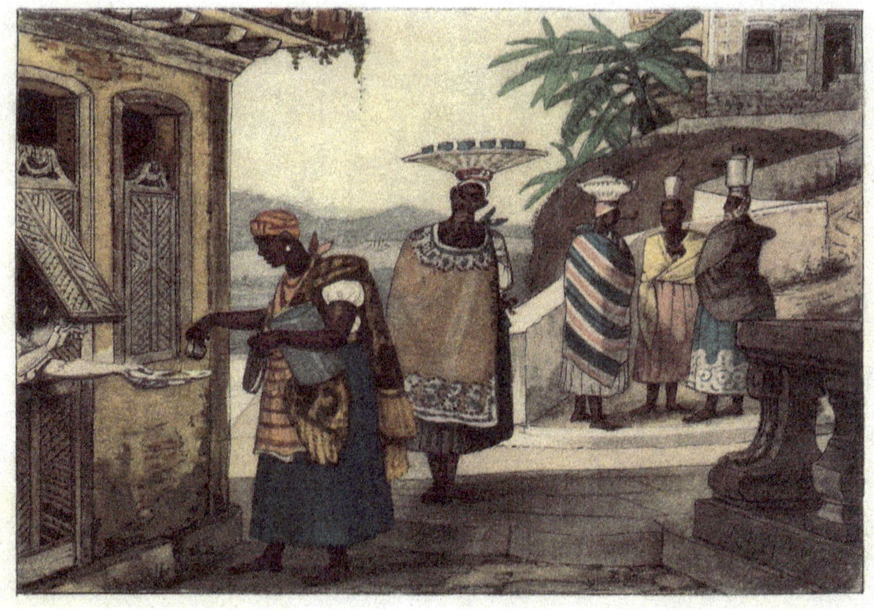

44

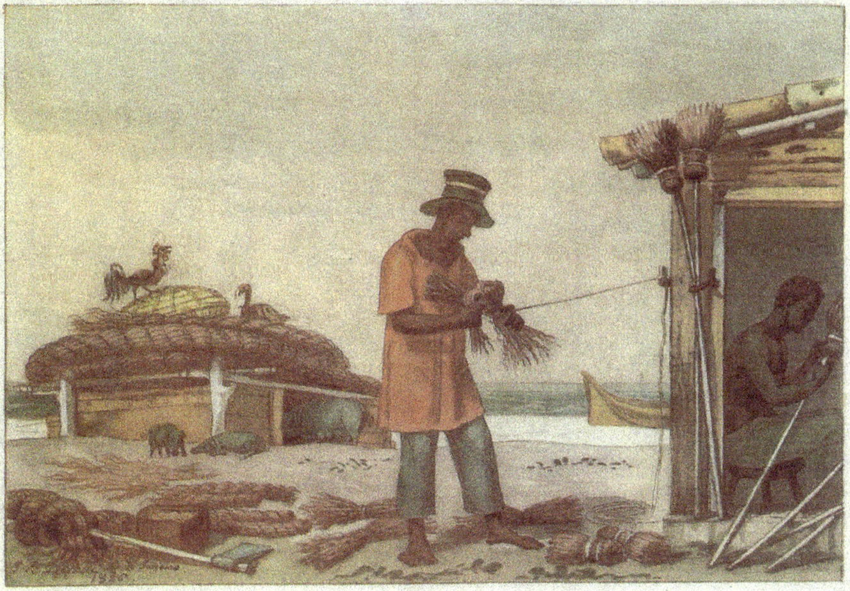

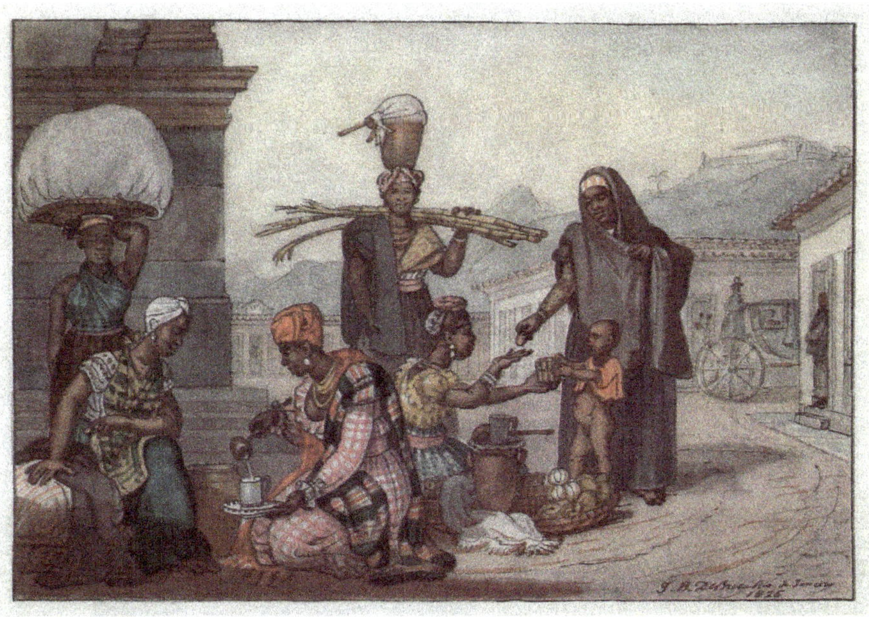

45

46

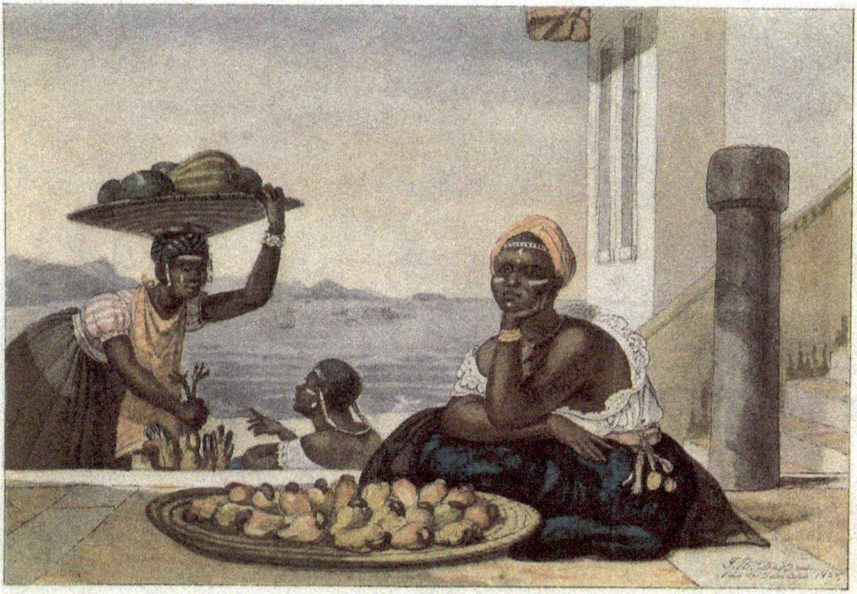

47

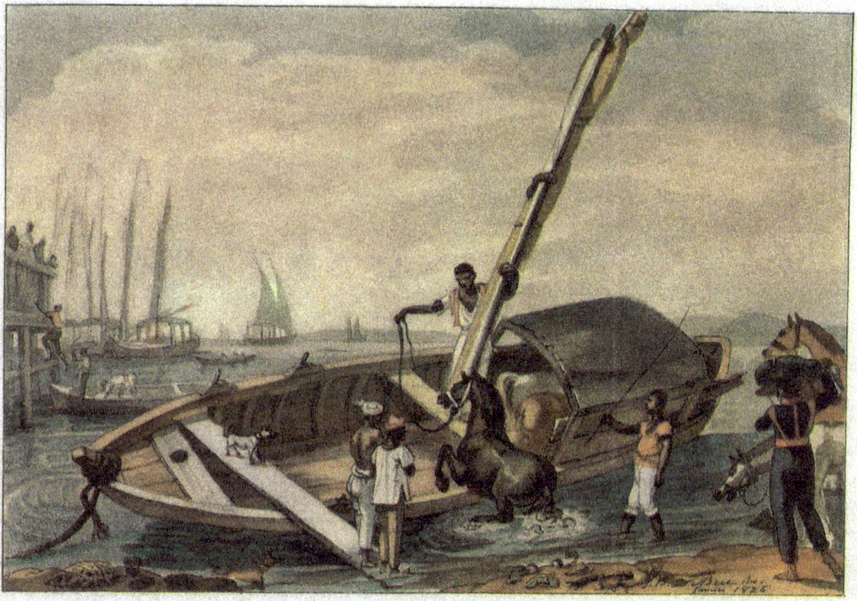

48

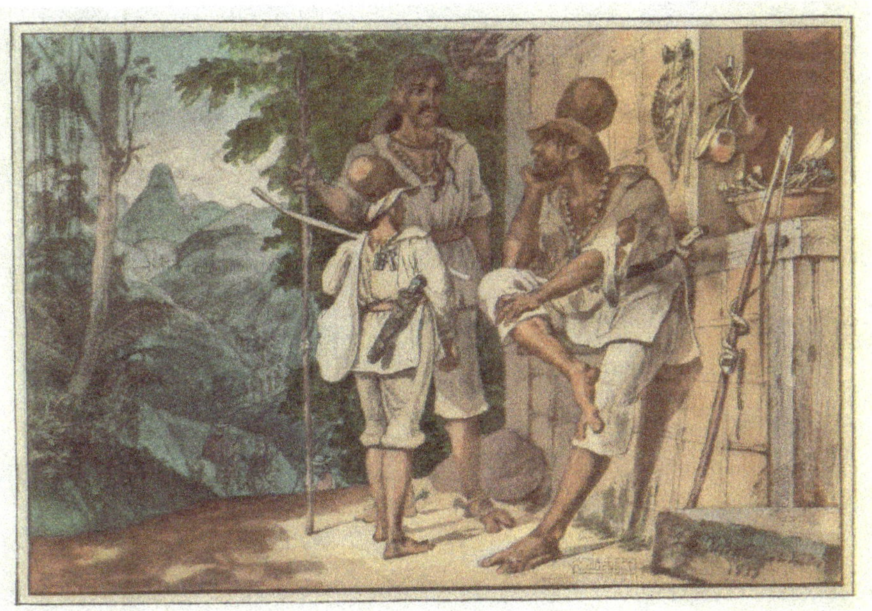

49

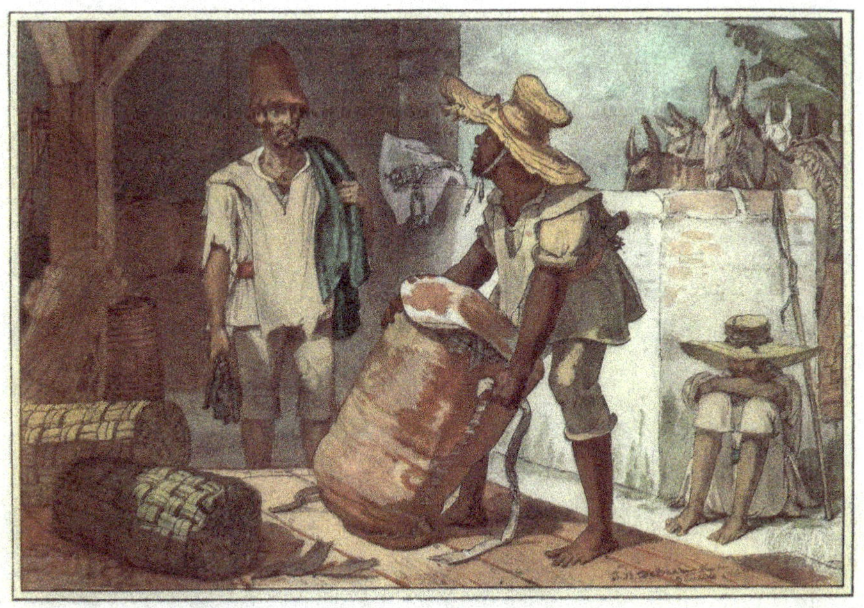

50

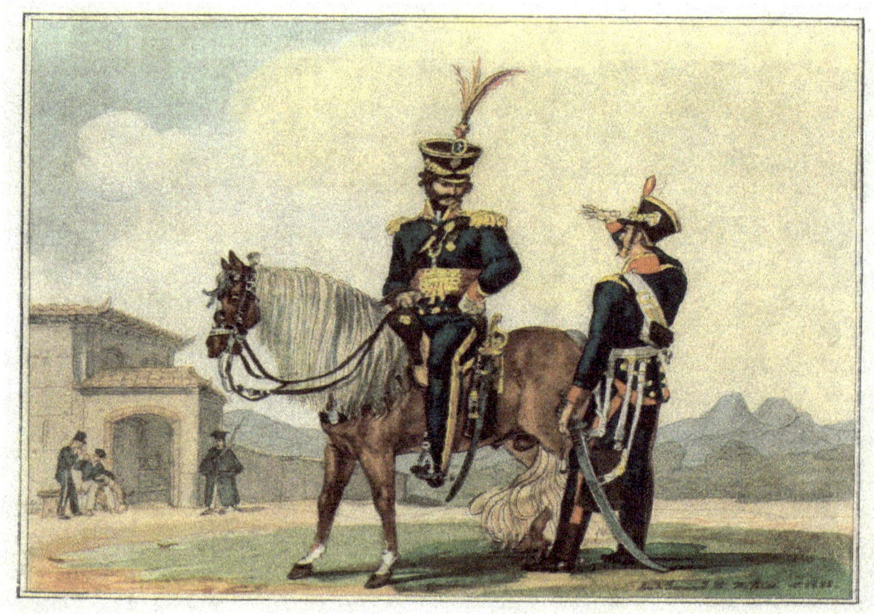

51

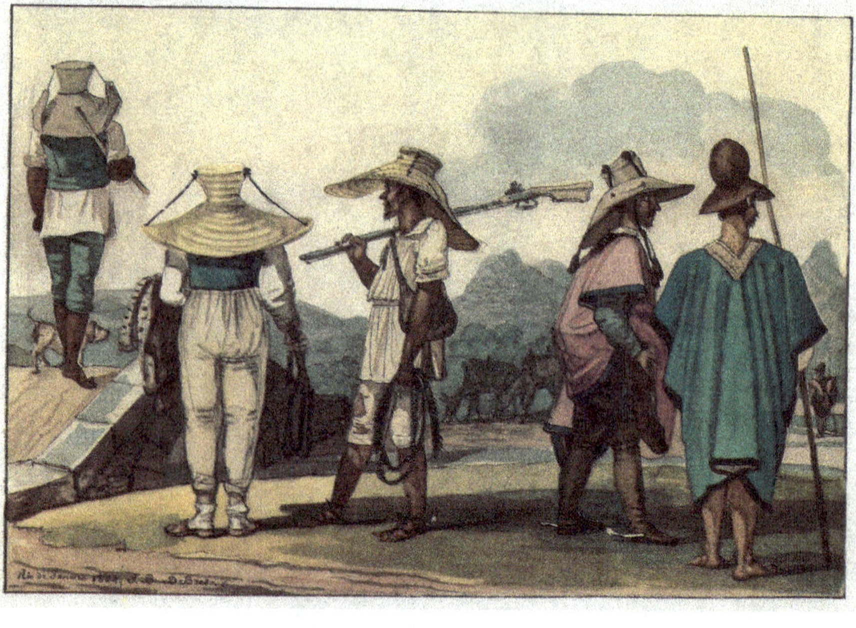

52

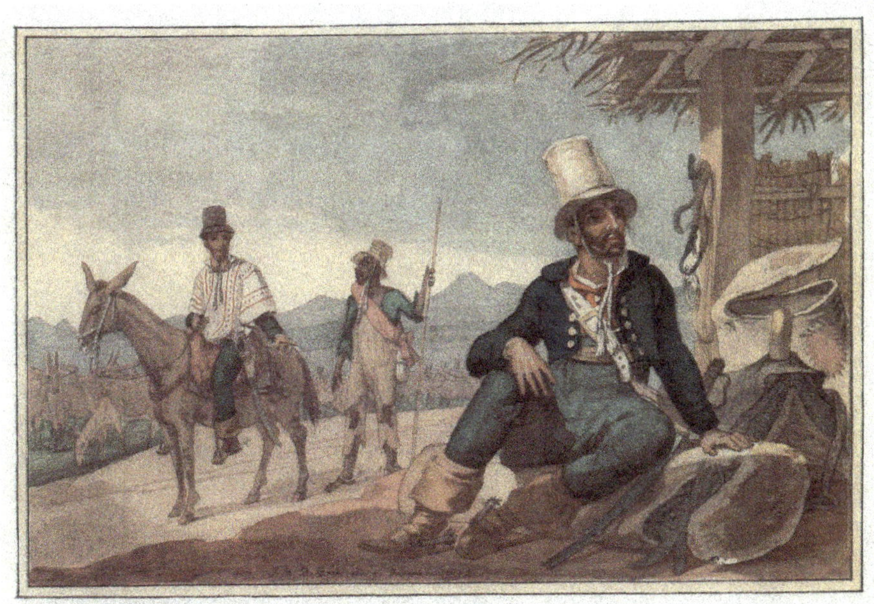

53

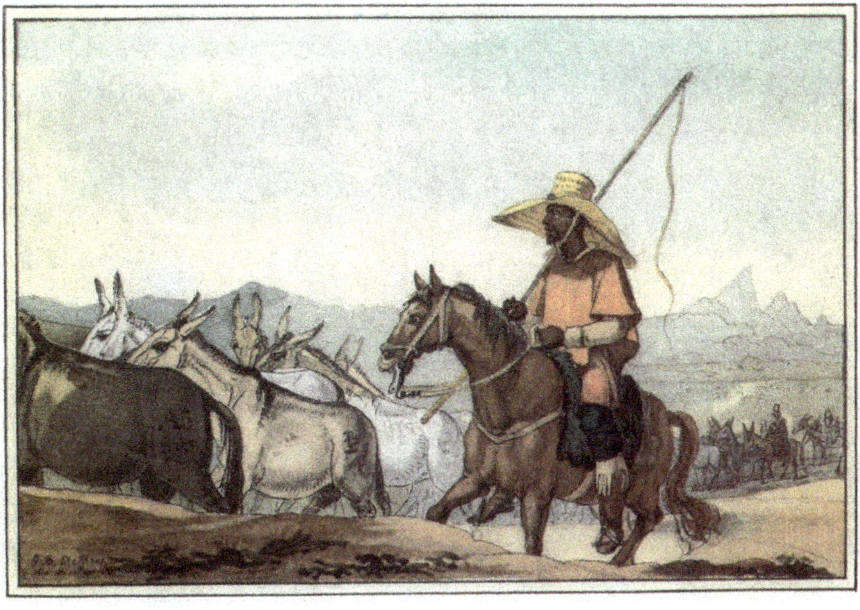

54

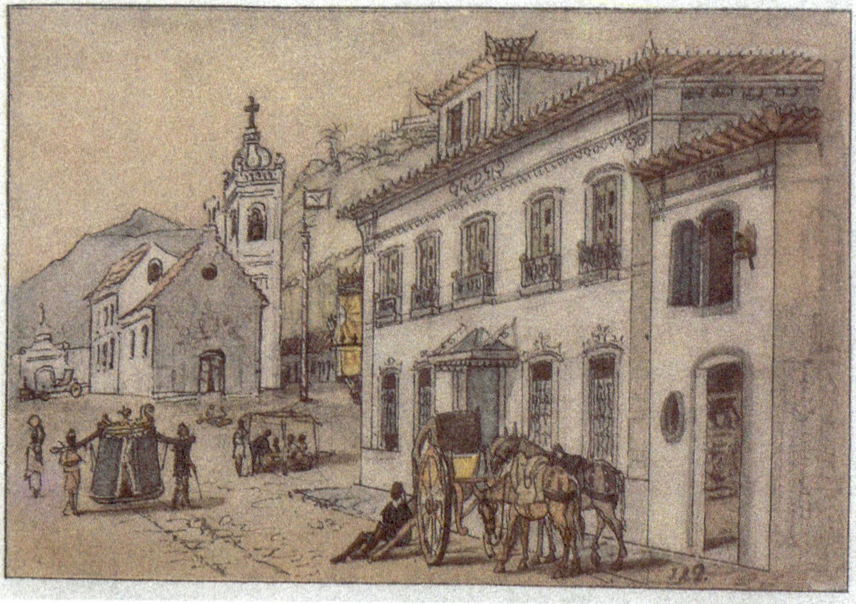

55

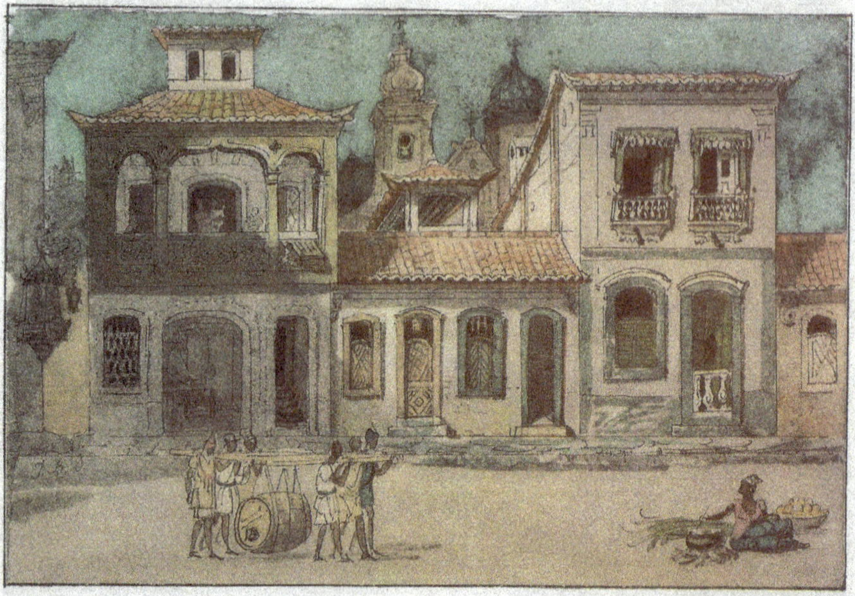

56

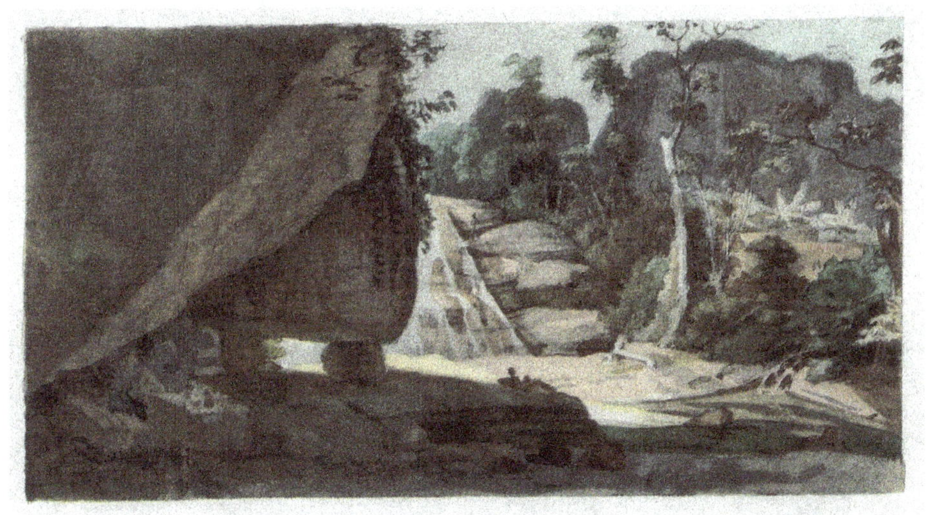

57

58

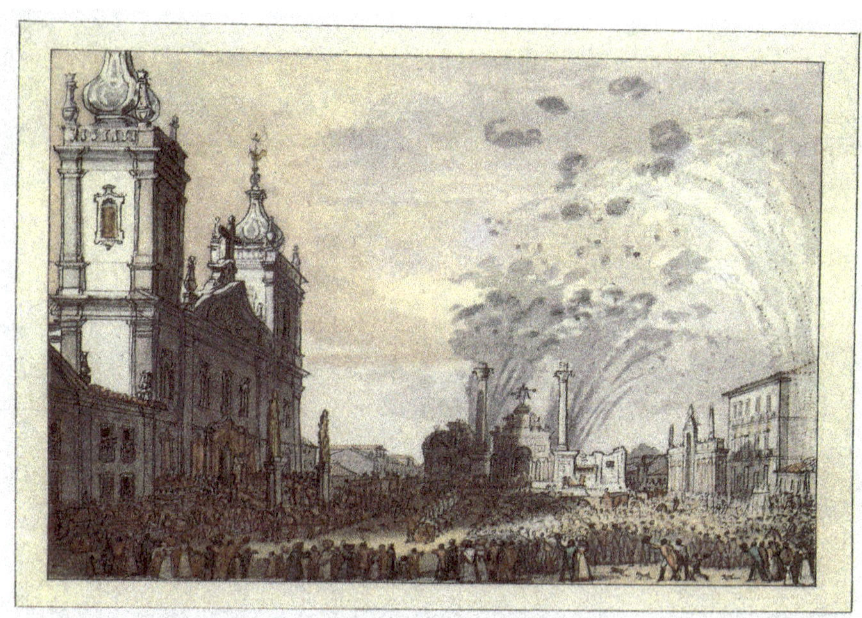

59

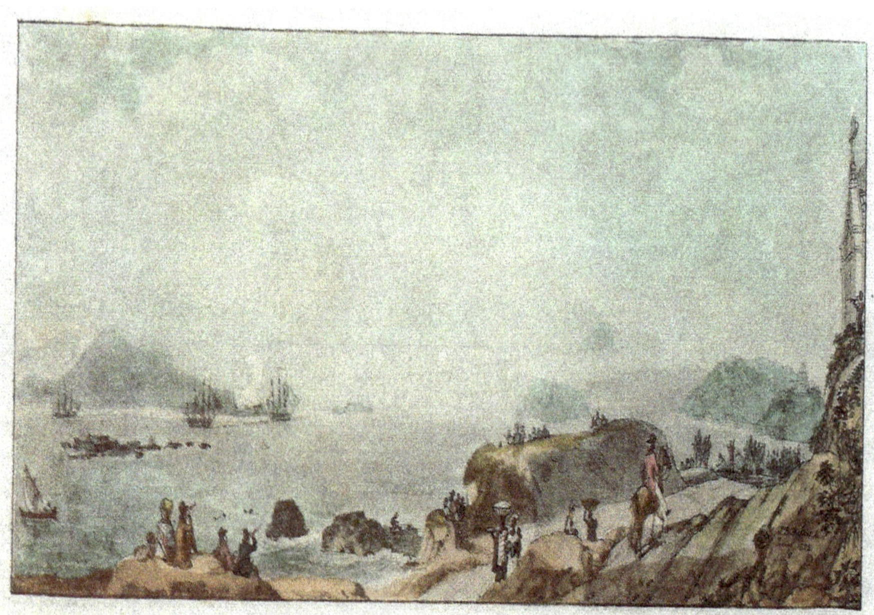

60

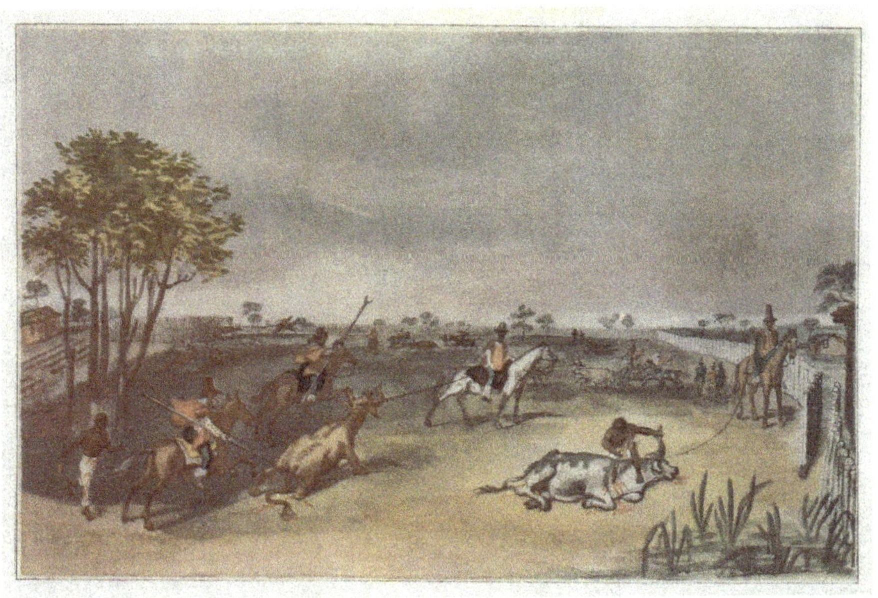

61

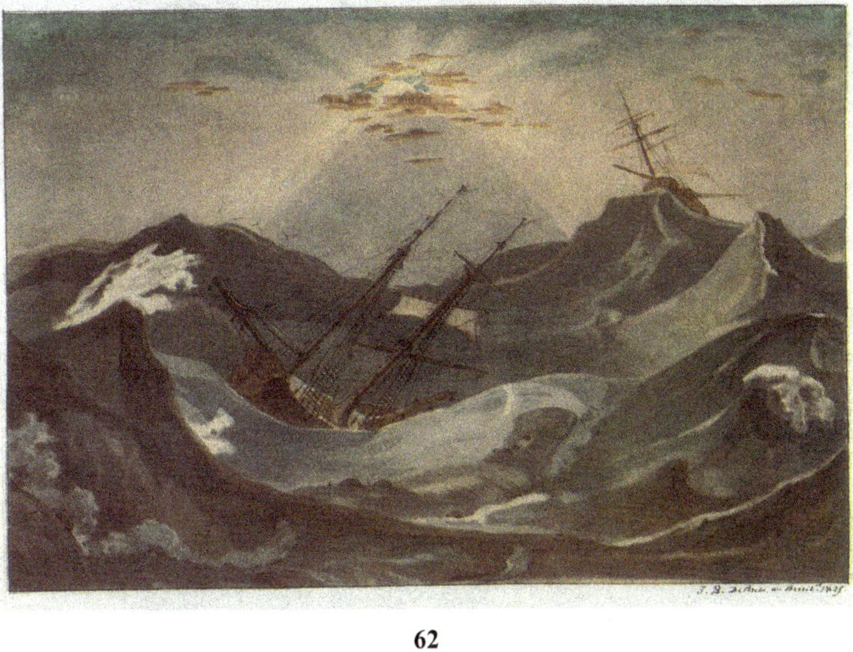

62

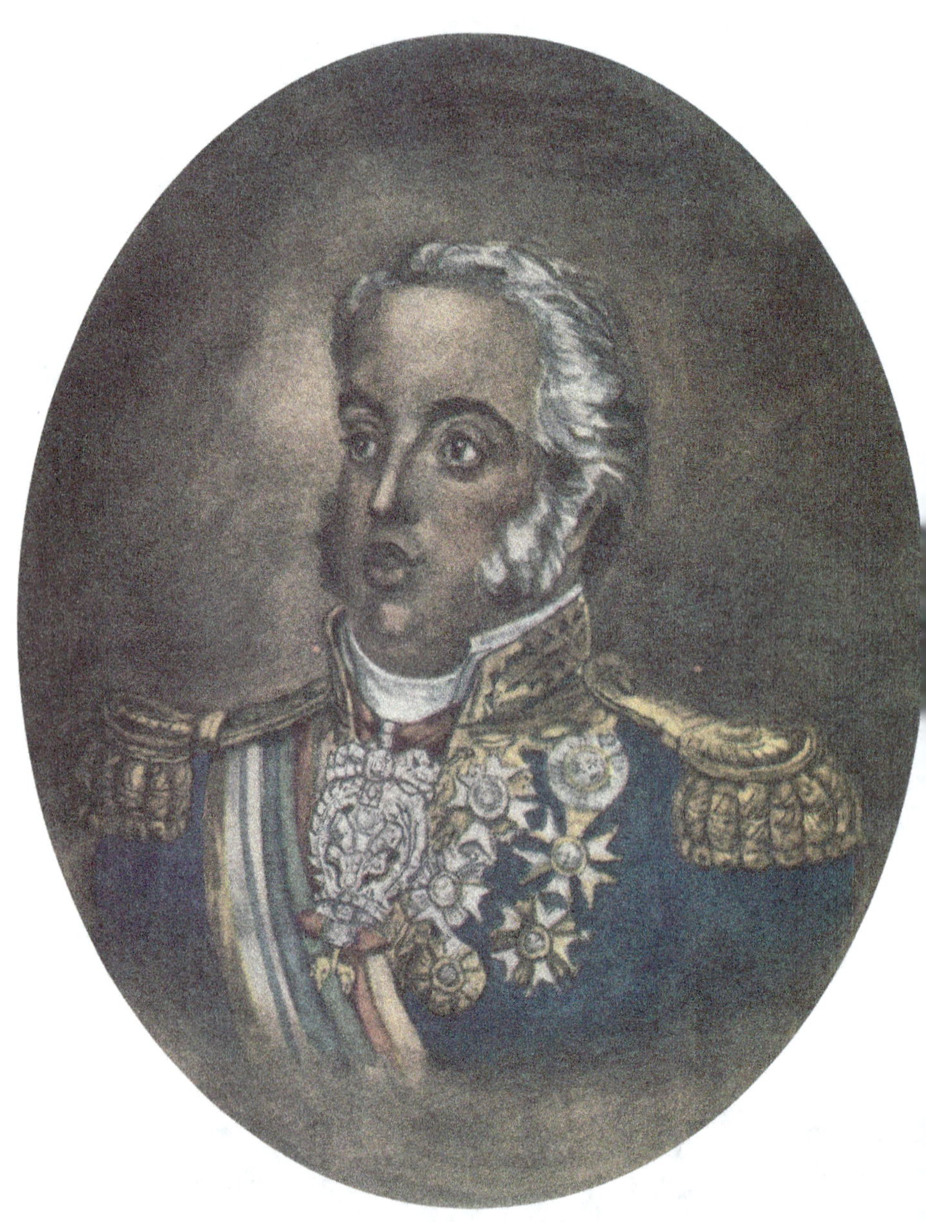

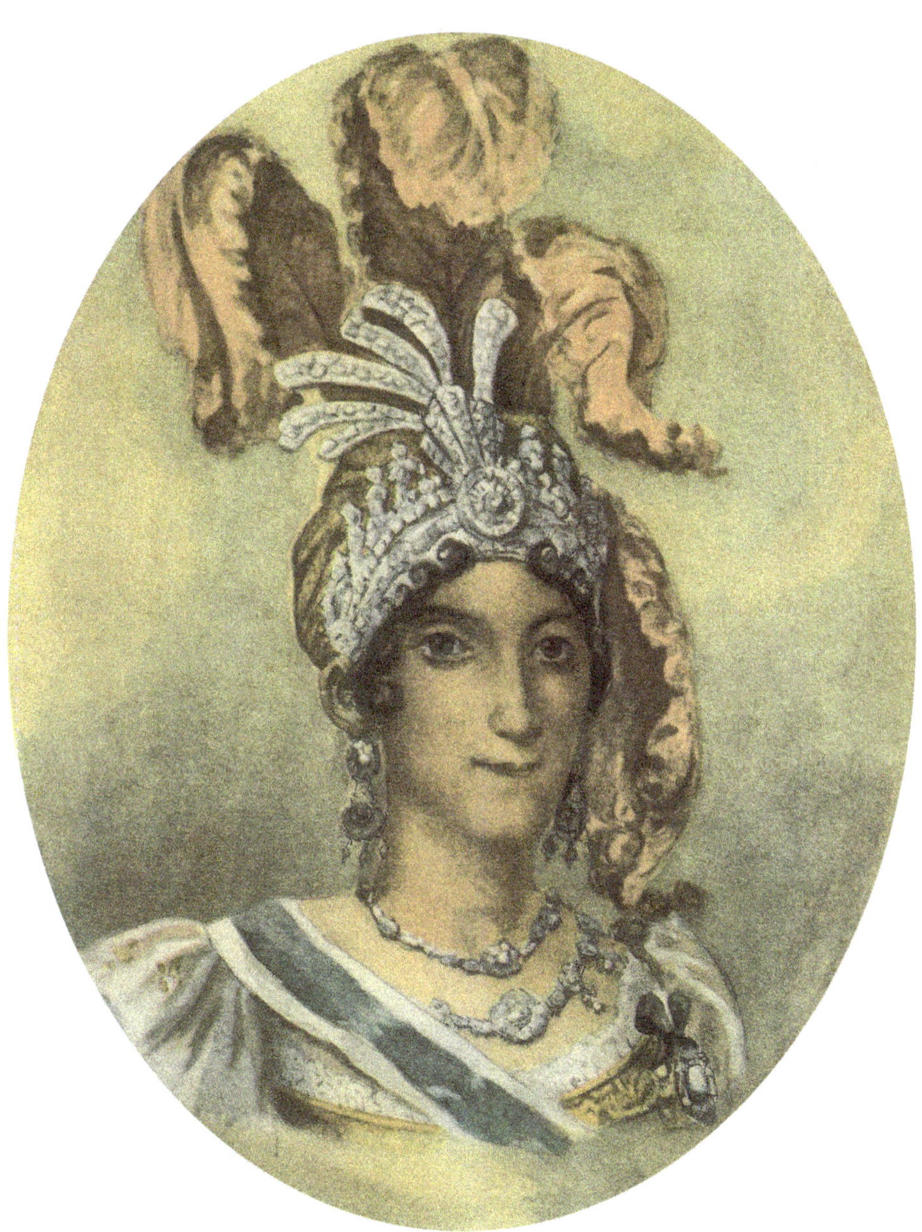

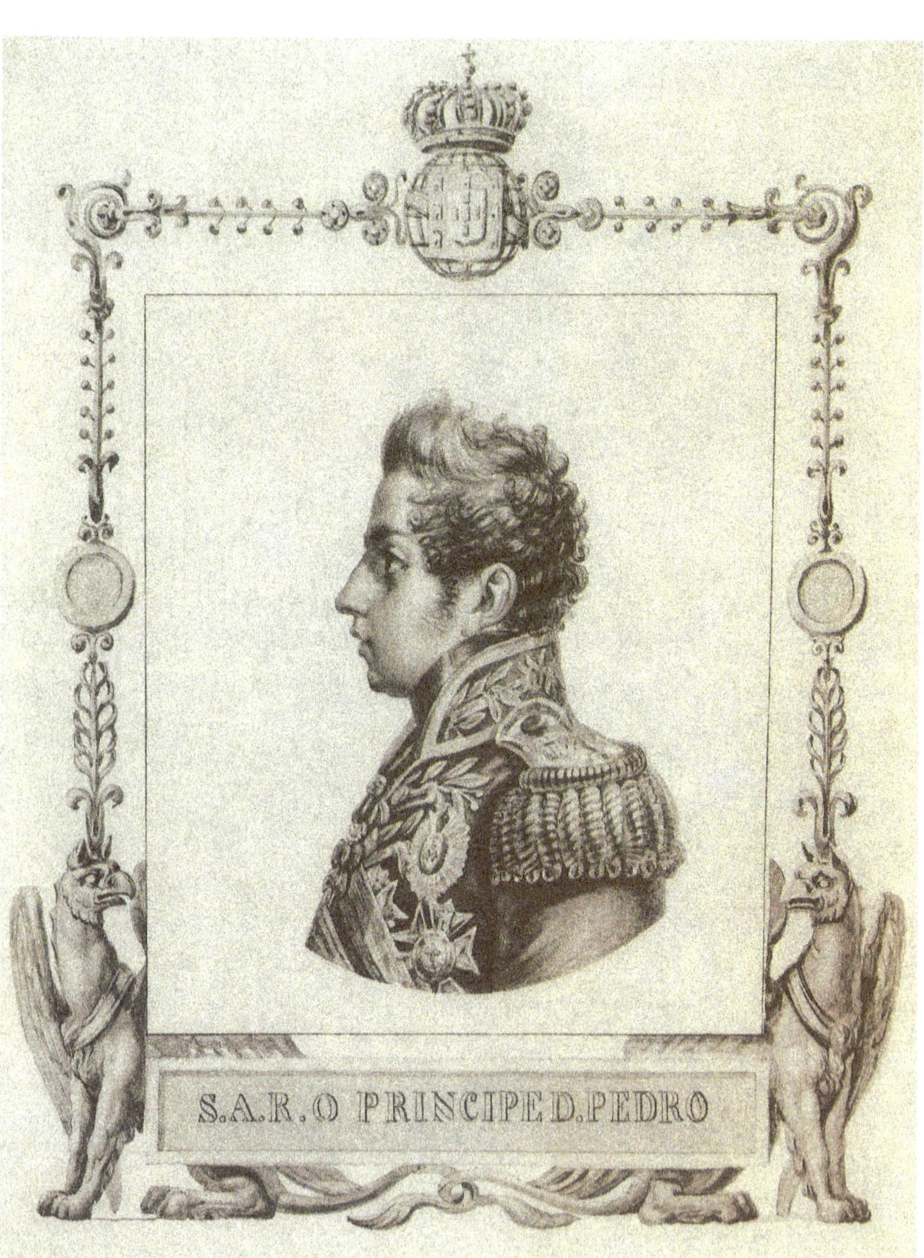
S.A.R. O PRINCIPE D. PEDRO

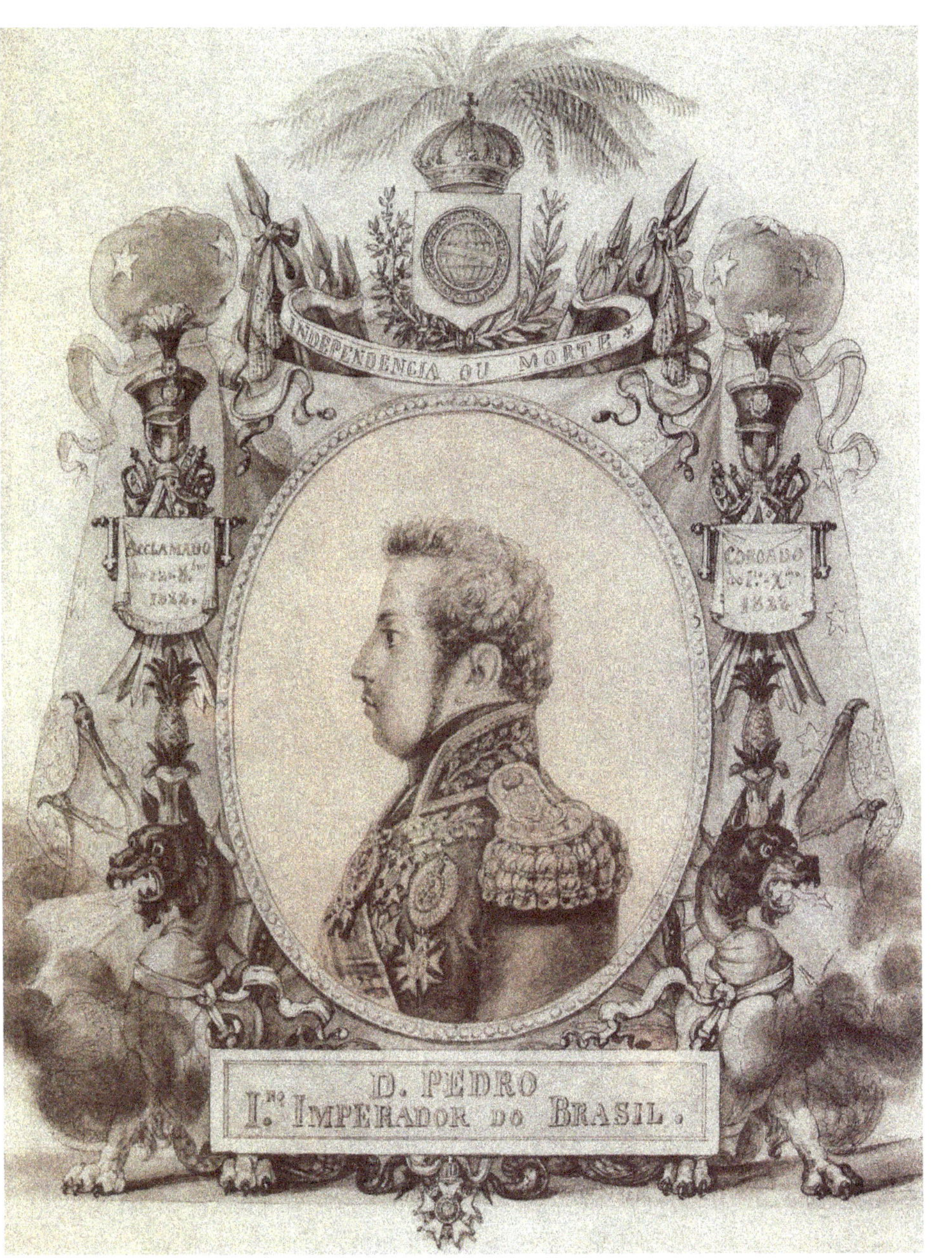
INDEPENDENCIA OU MORTE
ACCLAMADO
COROADO
D. PEDRO
I.º IMPERADOR DO BRASIL.

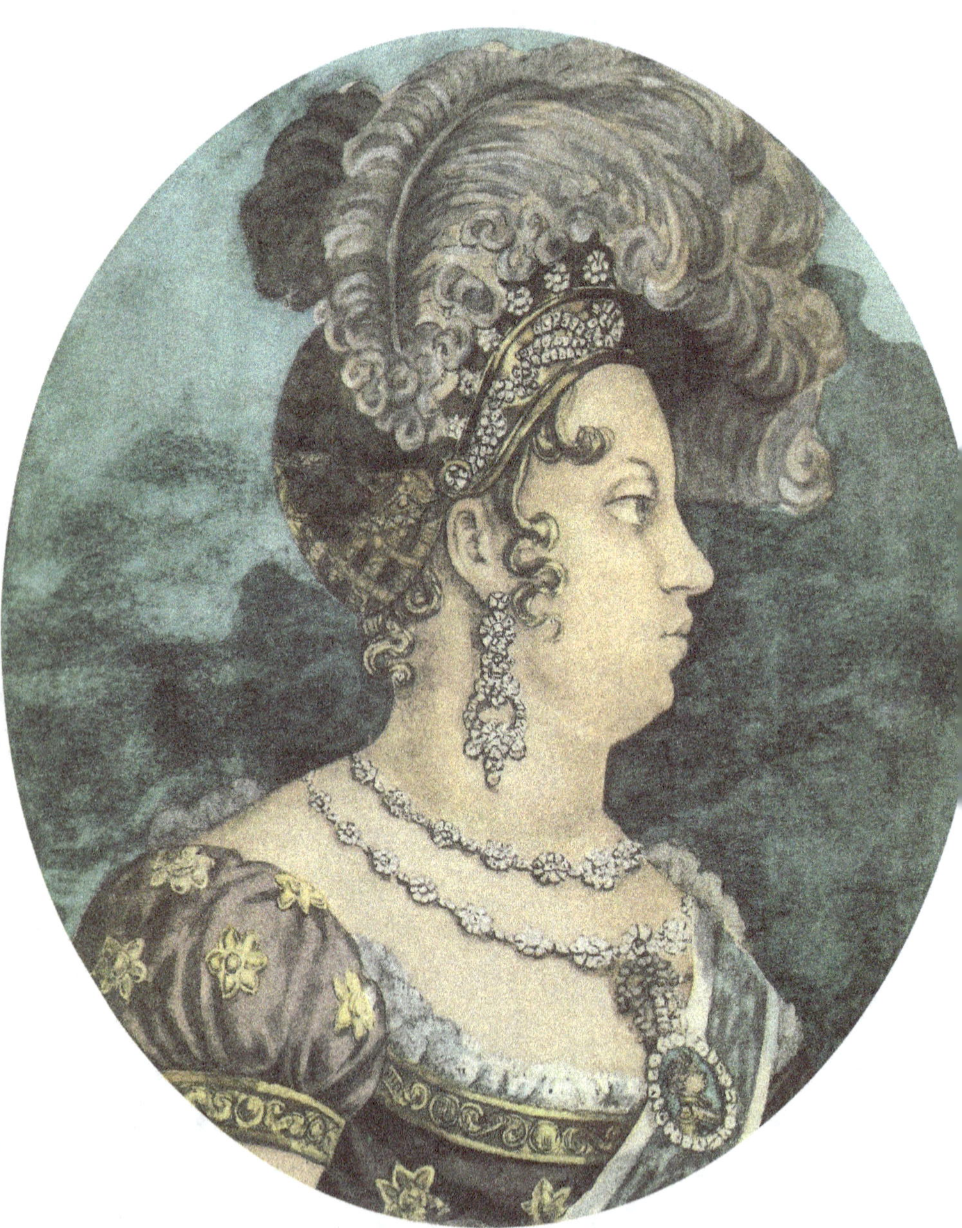

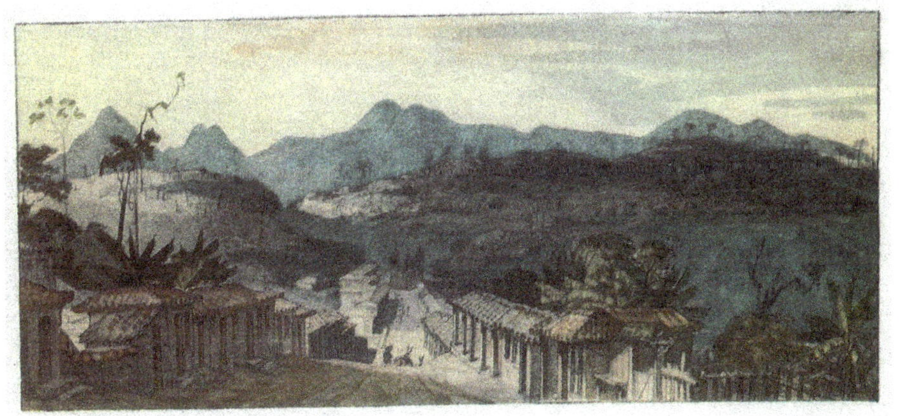

68

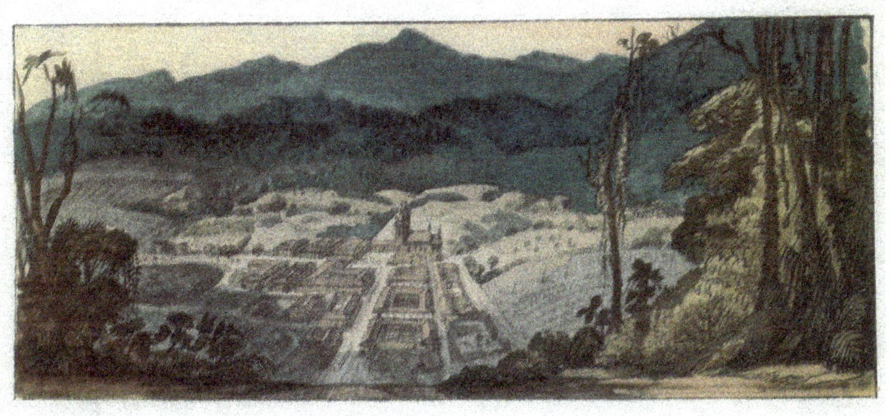

69

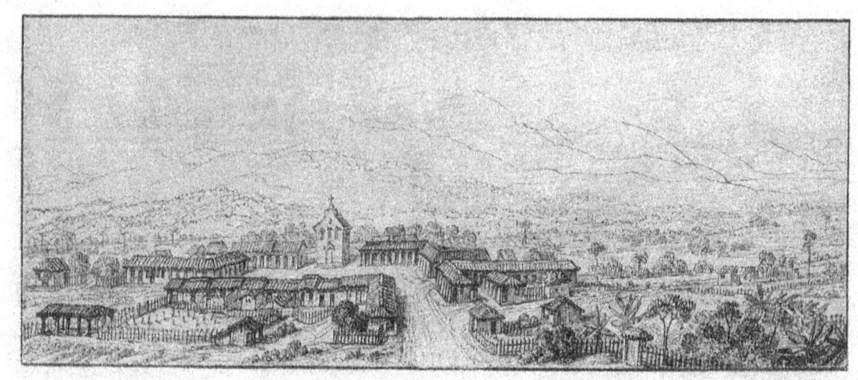

70

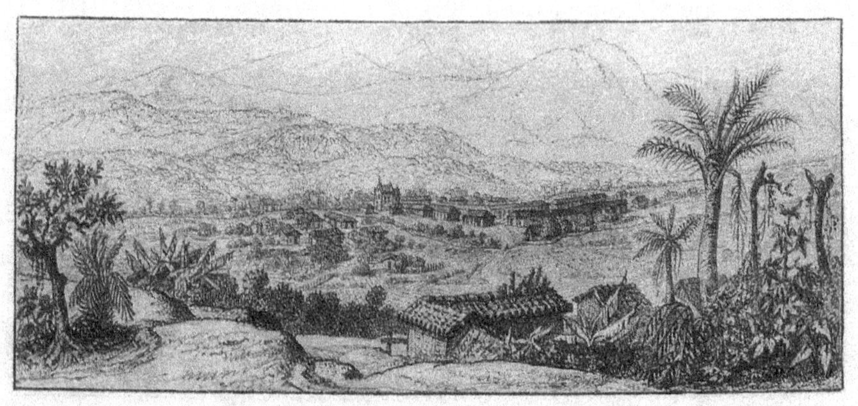

71

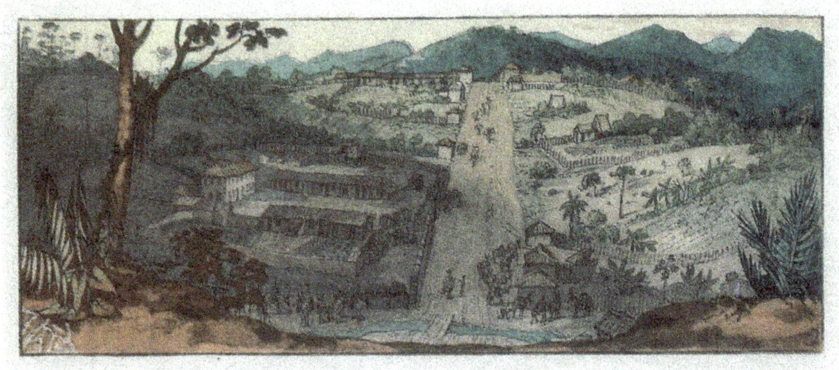

72

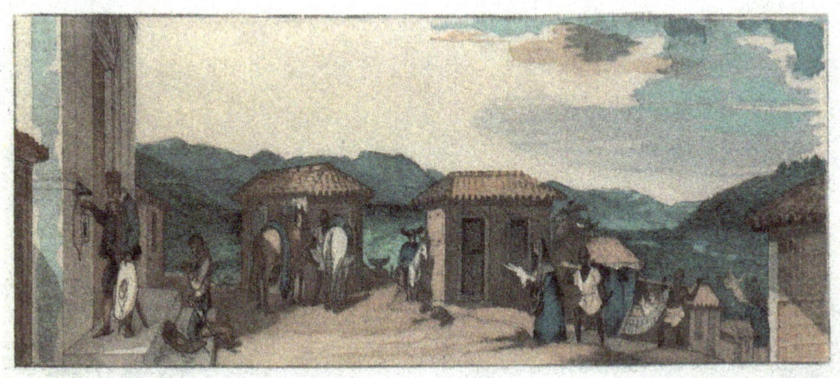

73

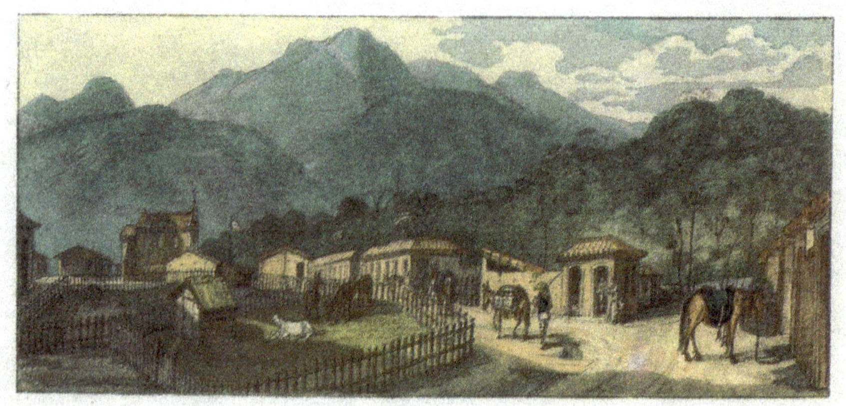

74

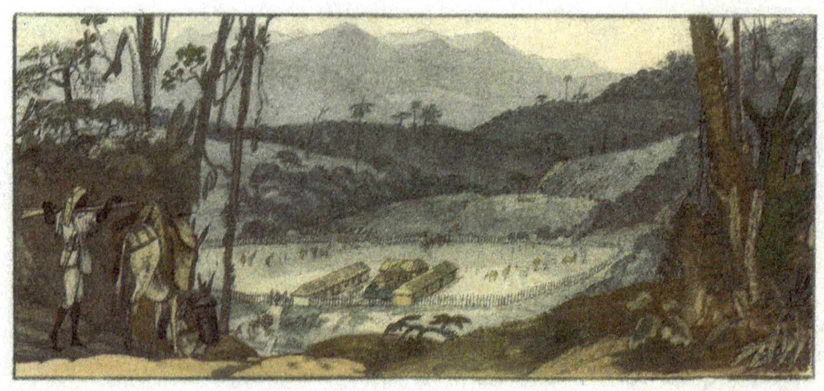

75

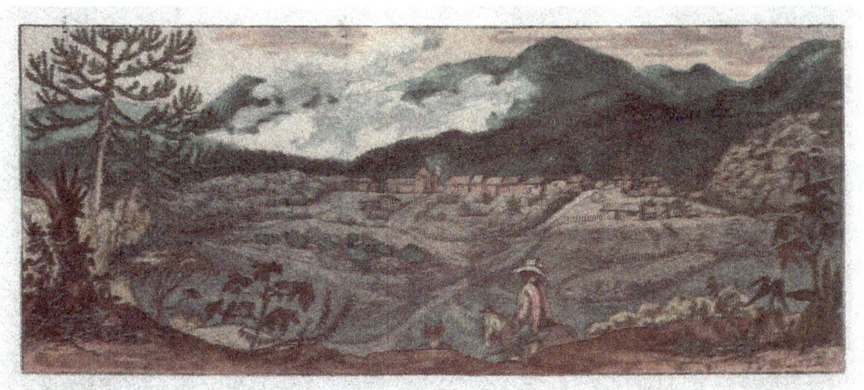

76

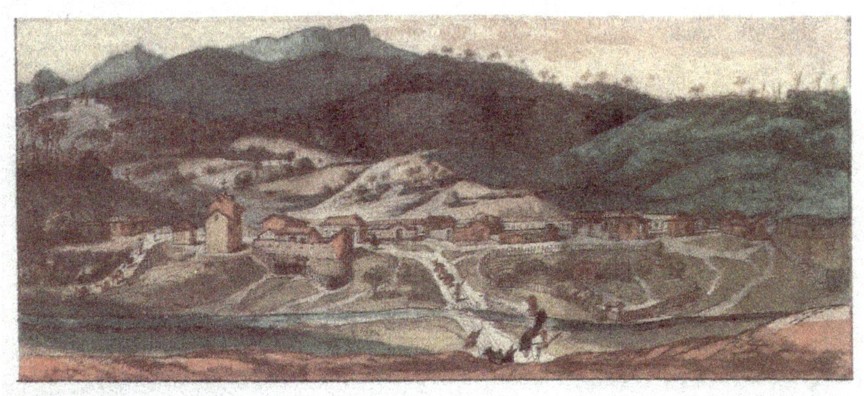

77

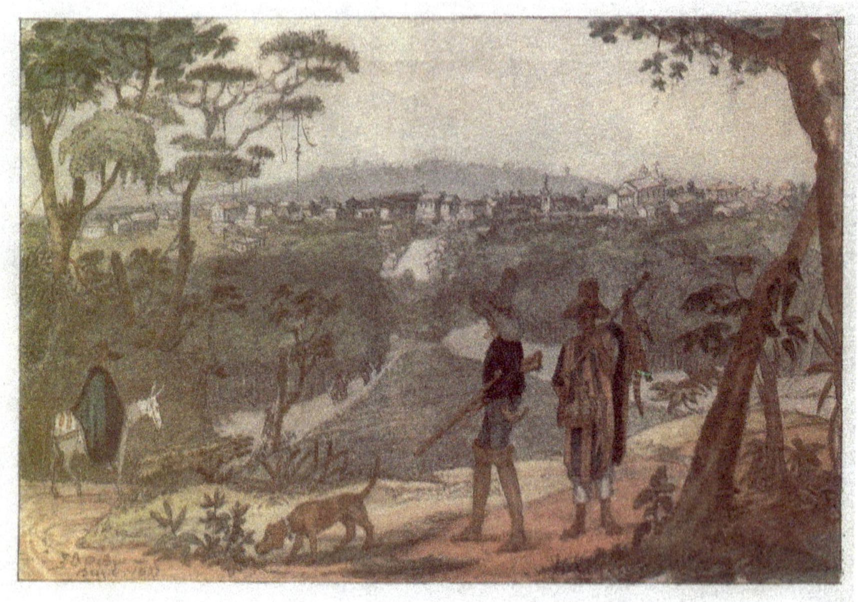

78

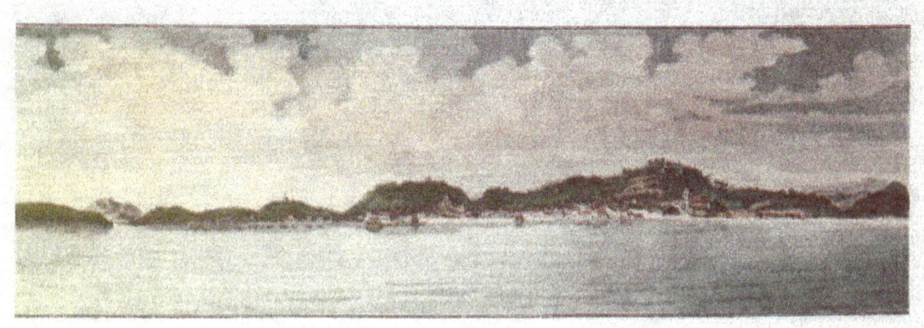

79

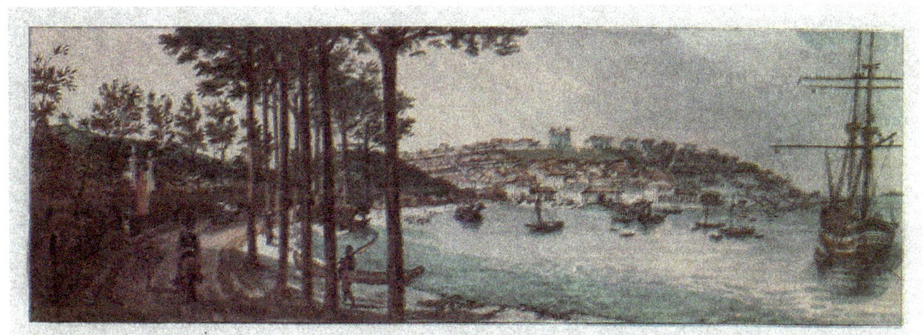

80

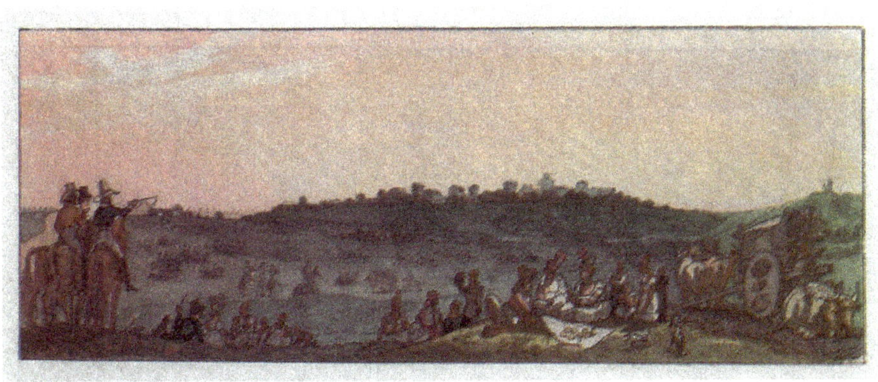

81

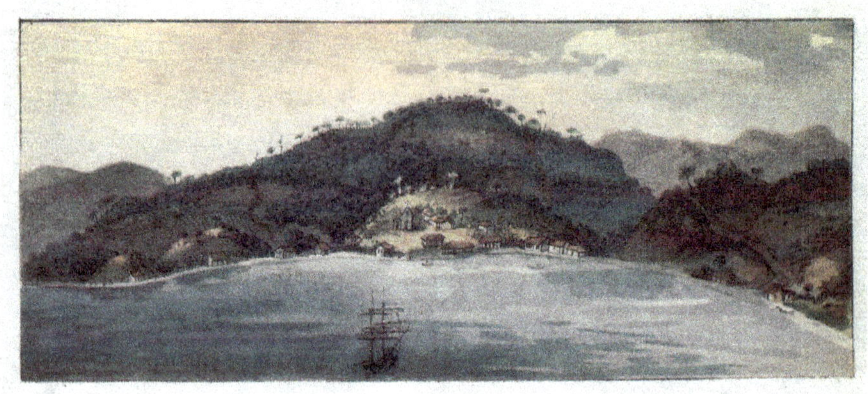

82

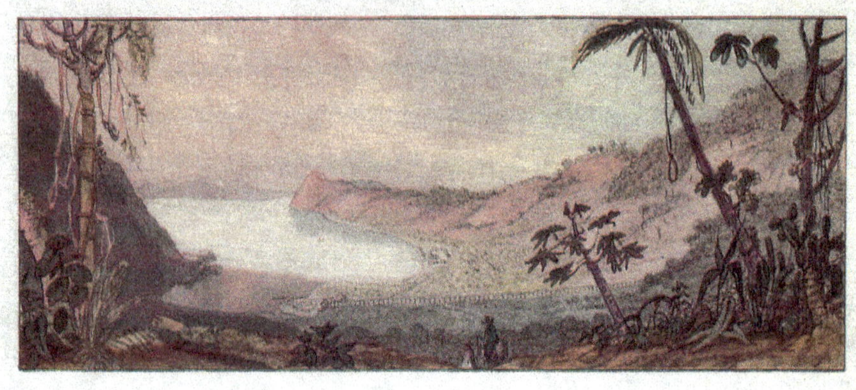

83

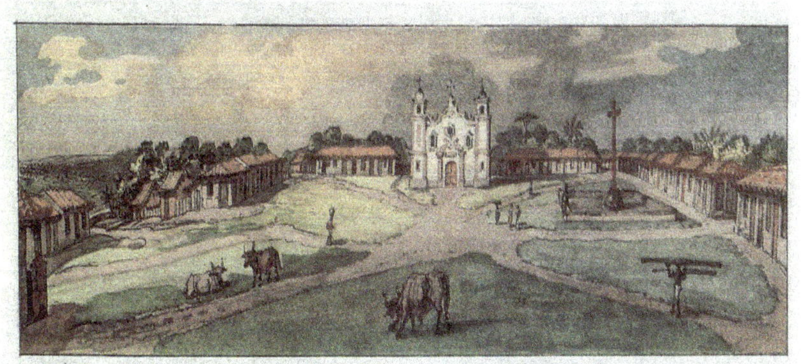

84

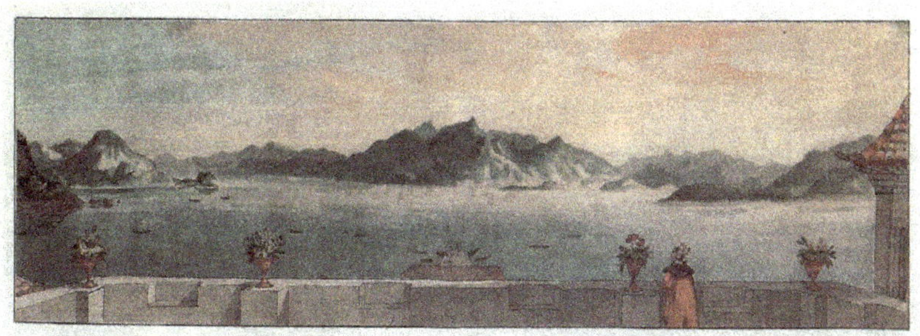

85

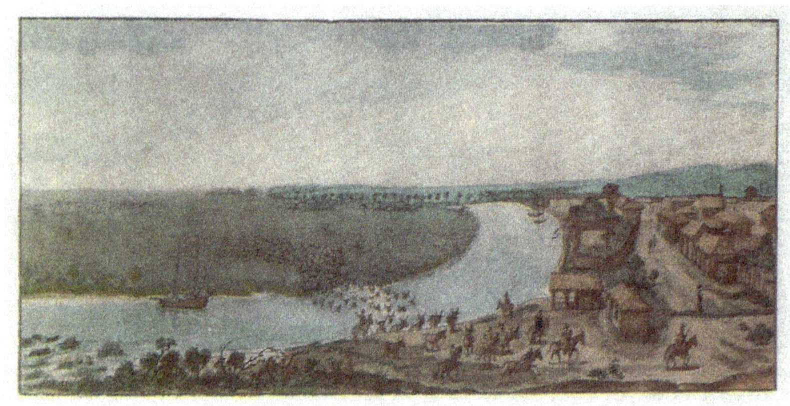

86

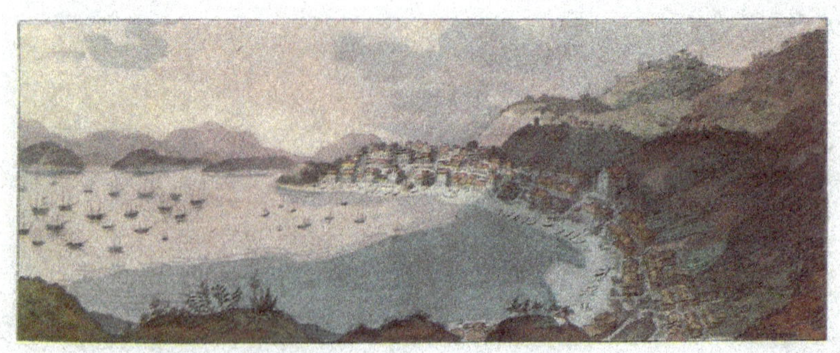

87

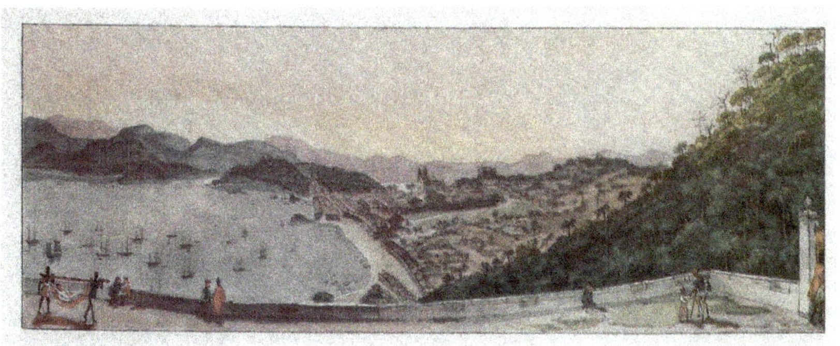

88

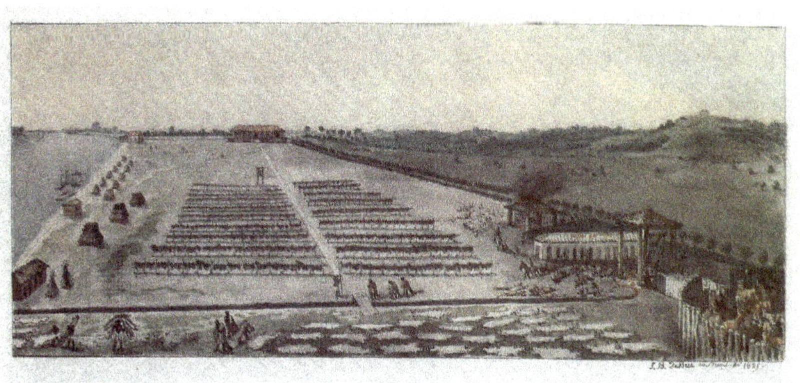

89

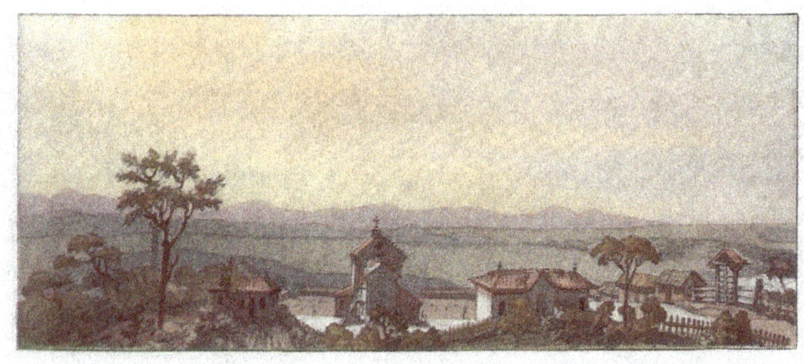

90

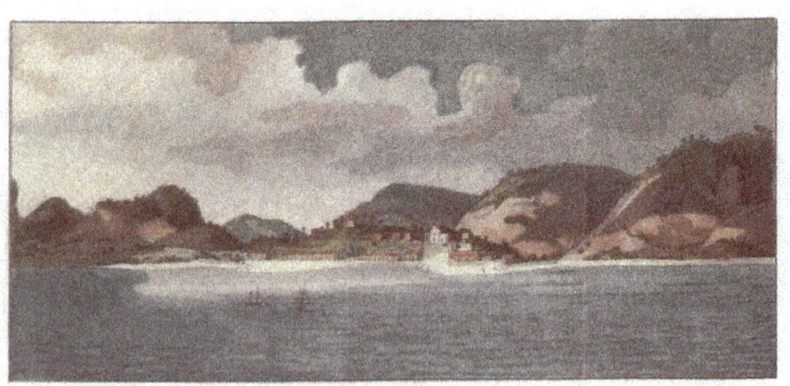

91

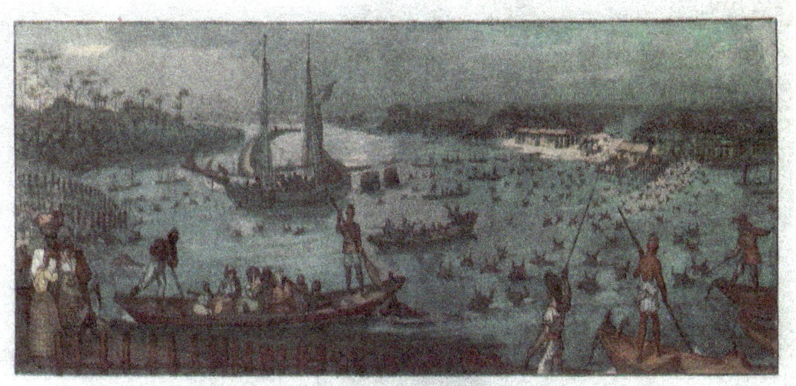

92

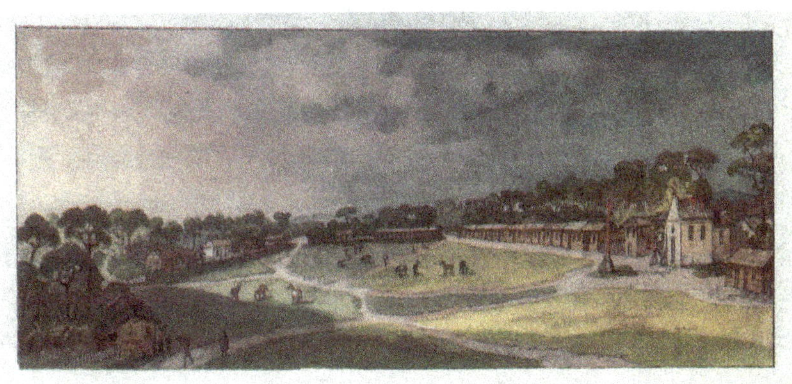

93

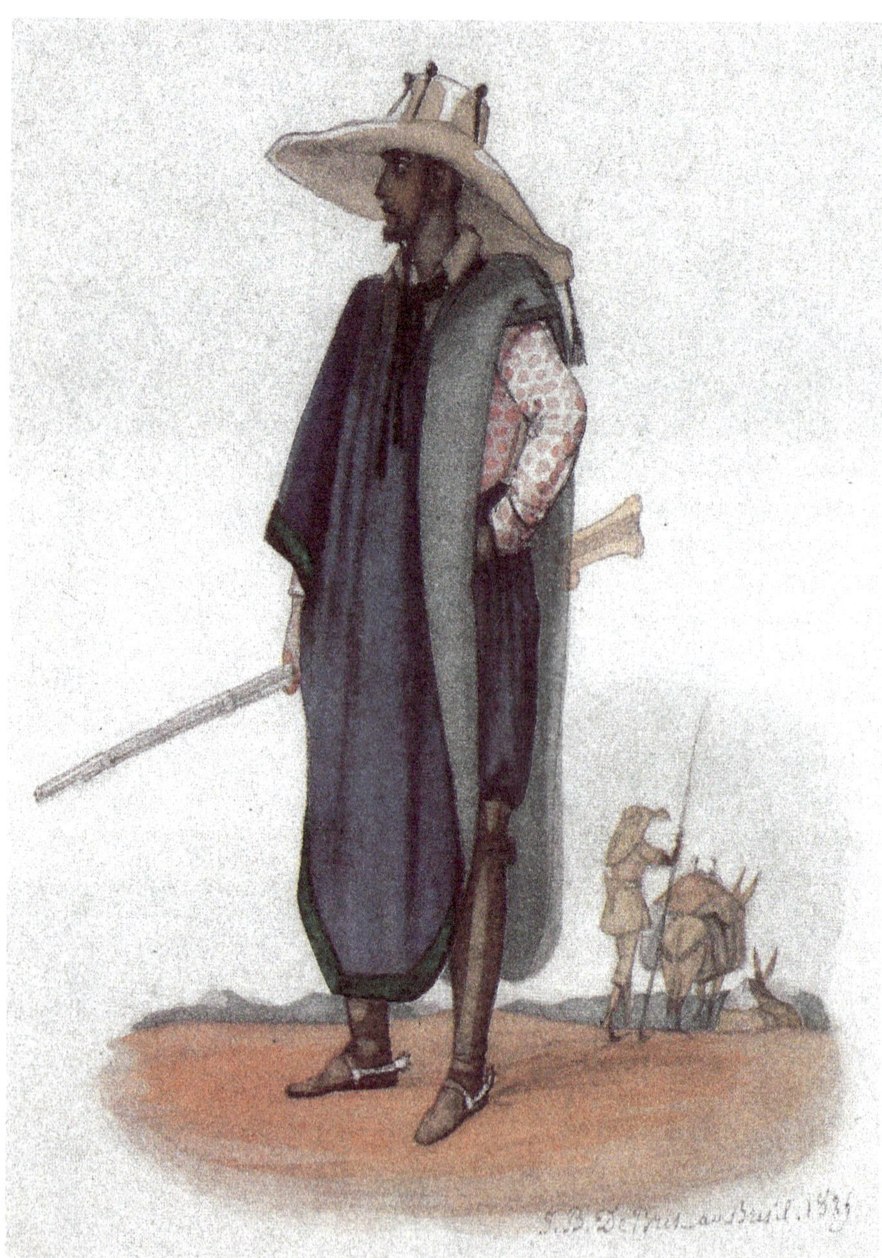

94

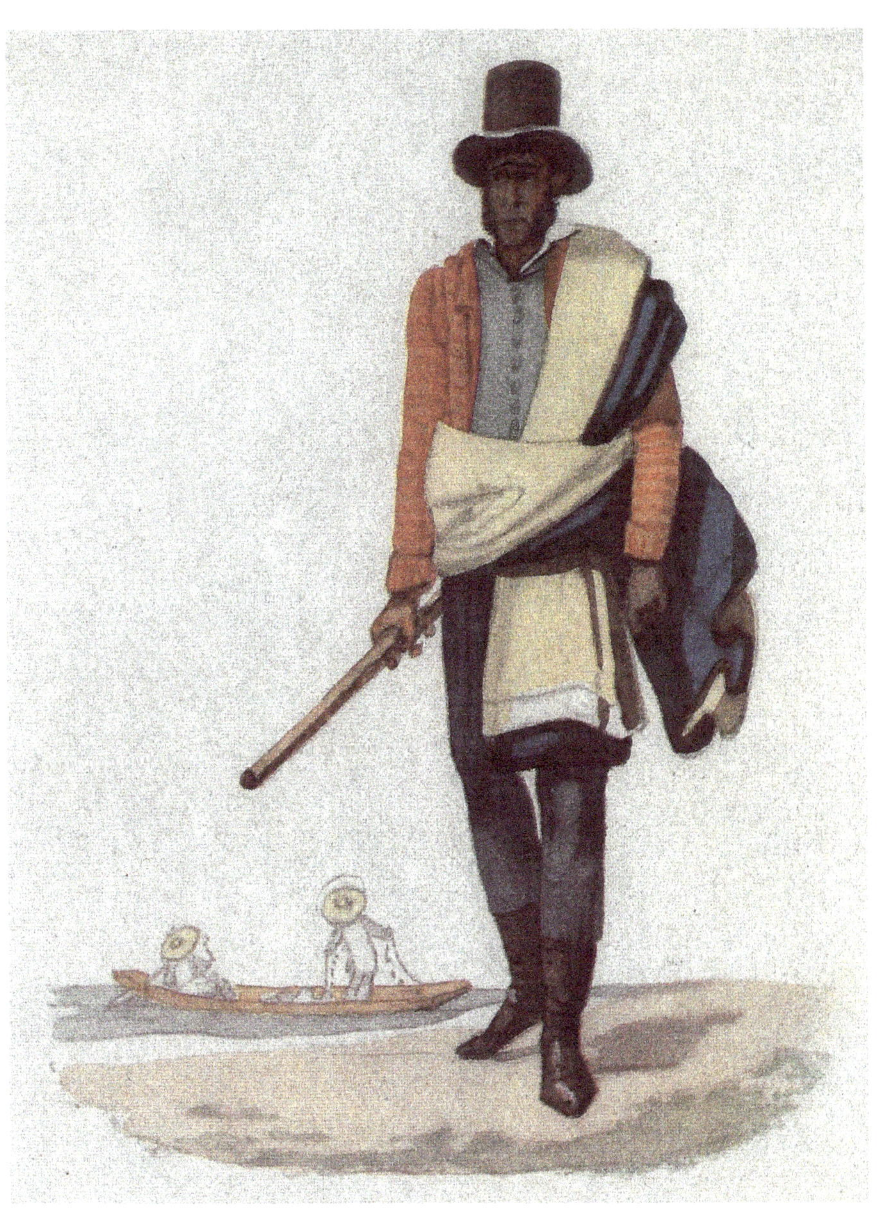

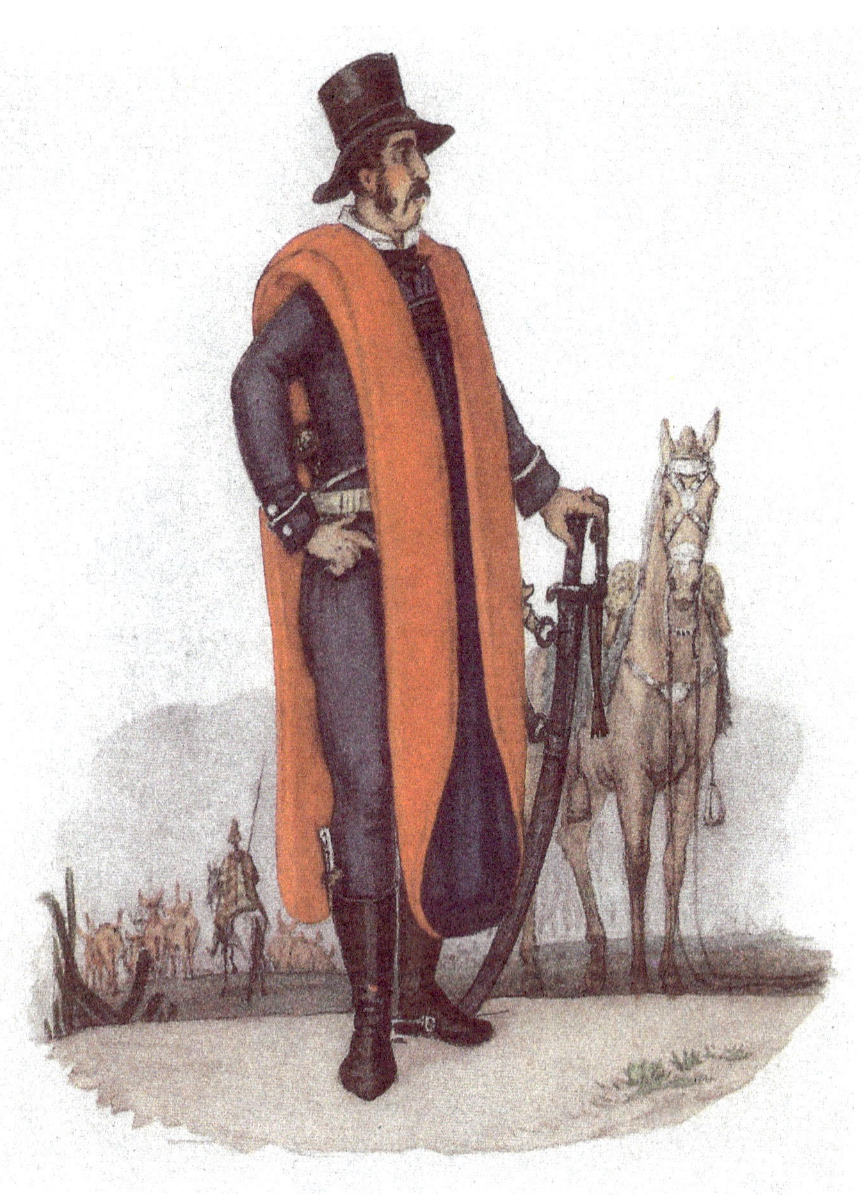

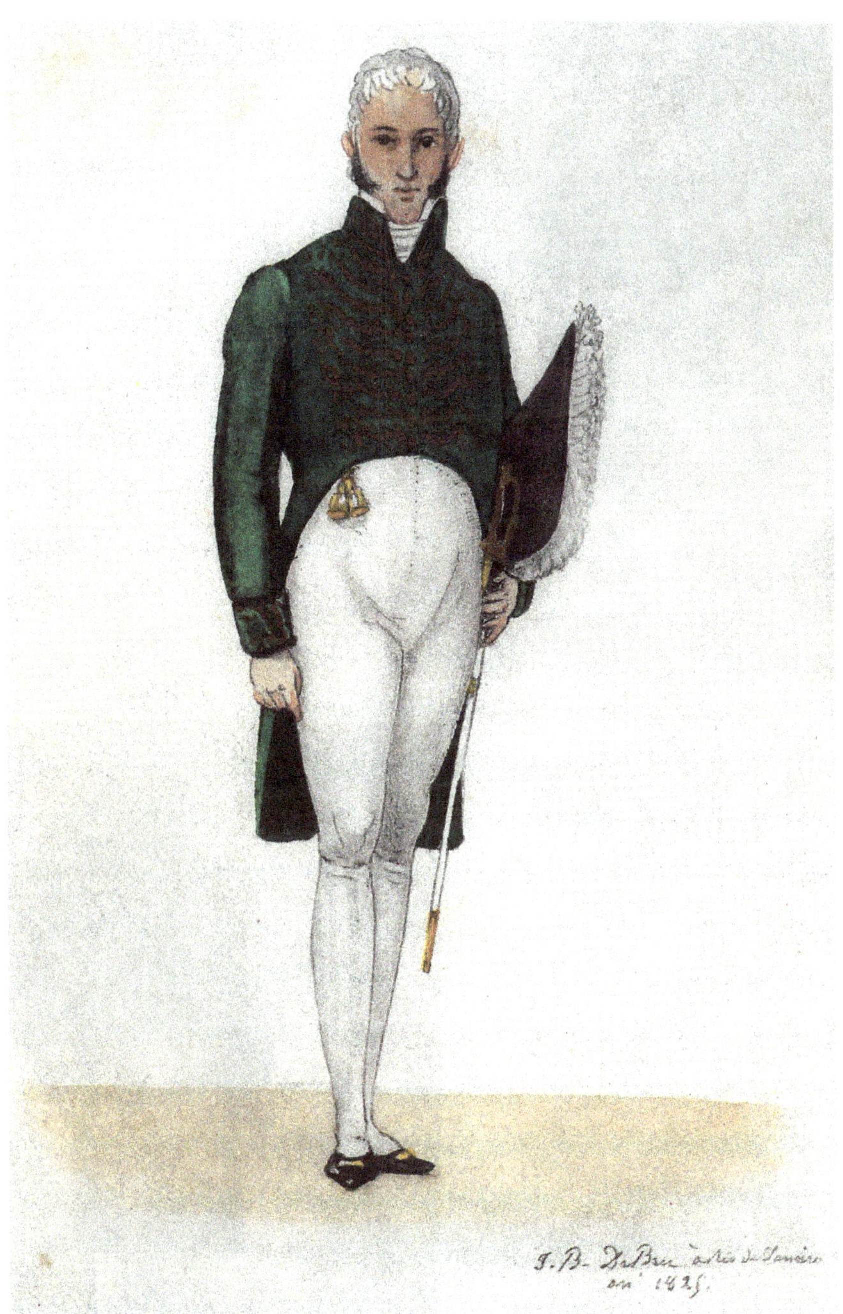

J. B. Debret à Rio de Janeiro
en 1825.

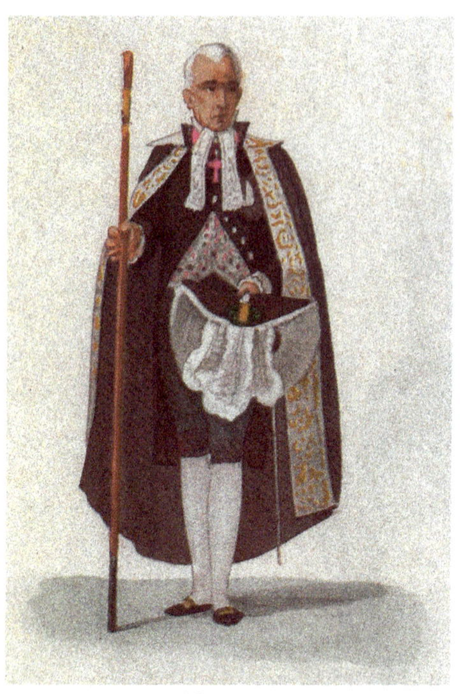

98

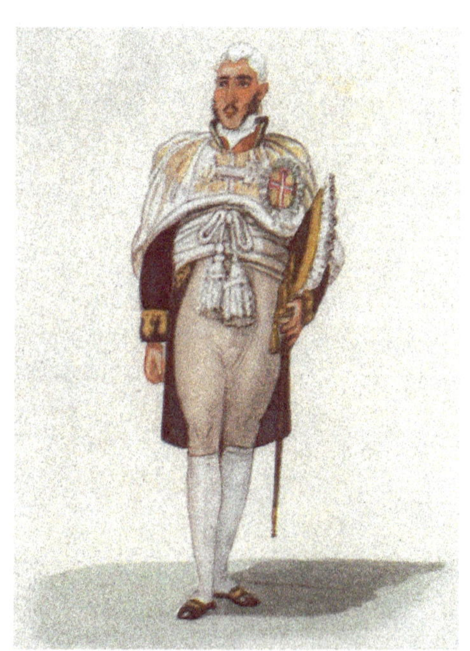

99

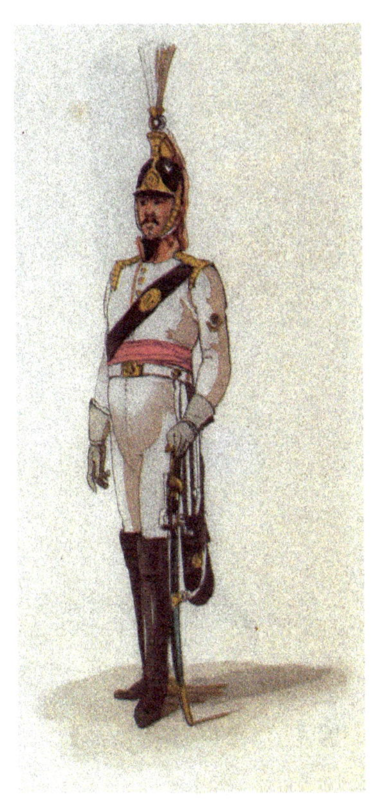

100

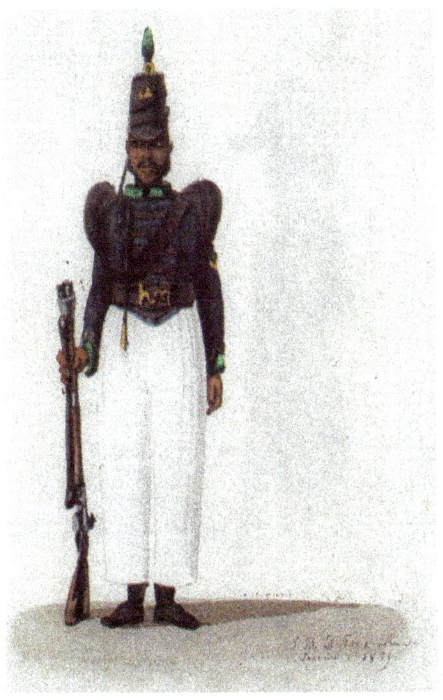

101

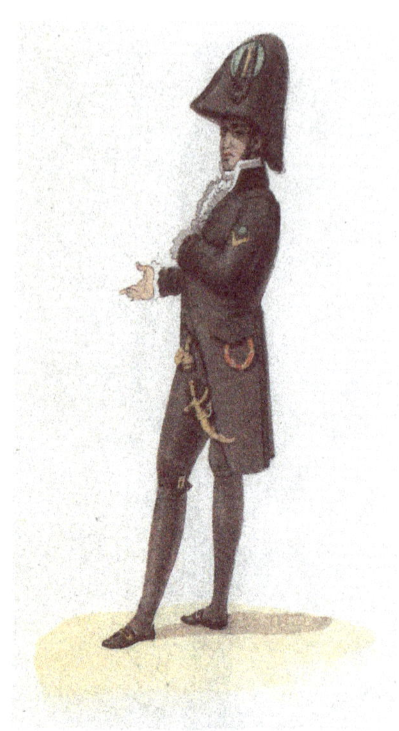

102

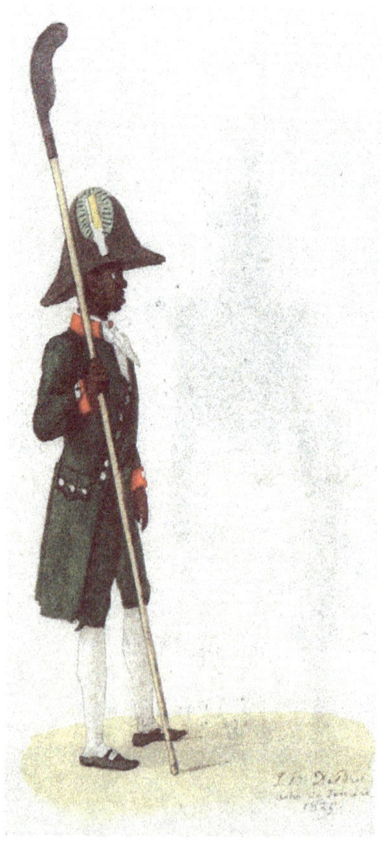

103

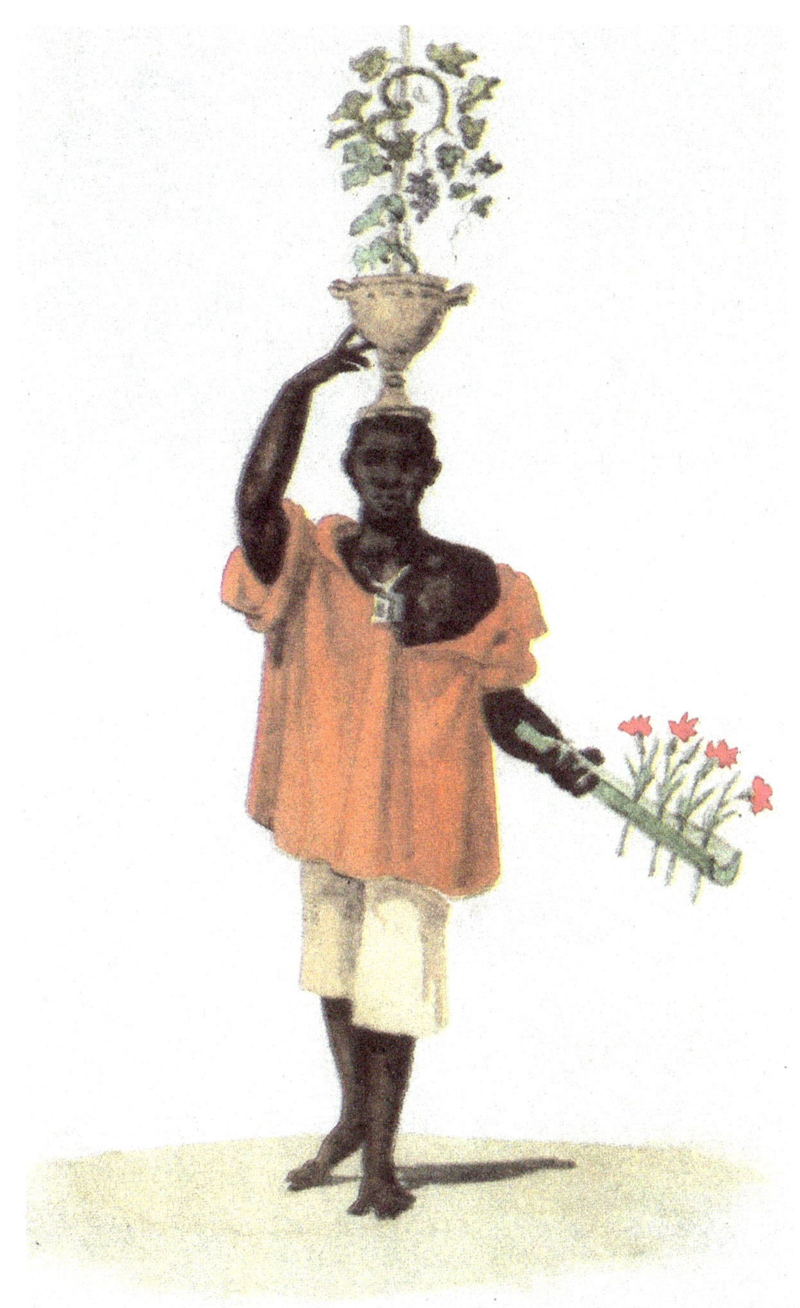

104

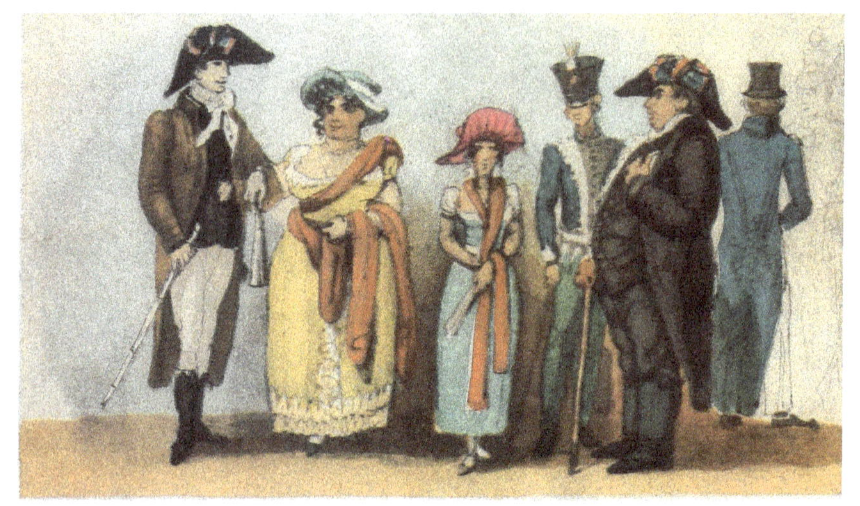

105

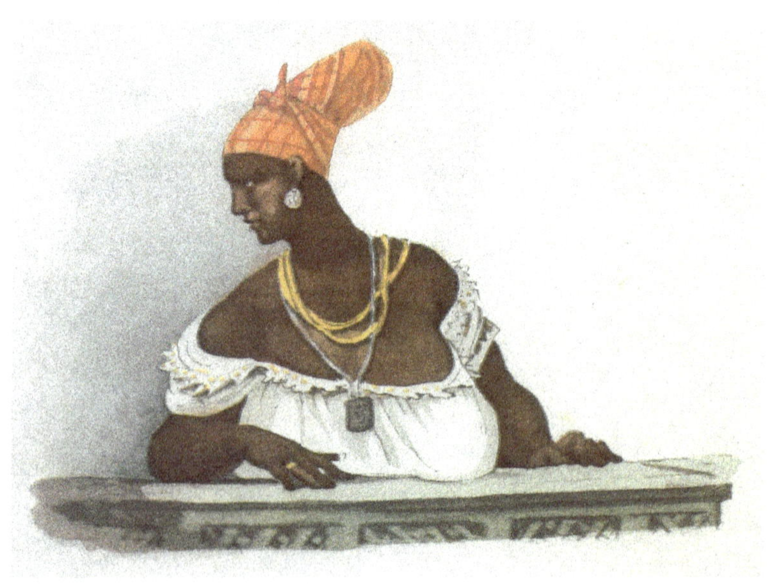

106

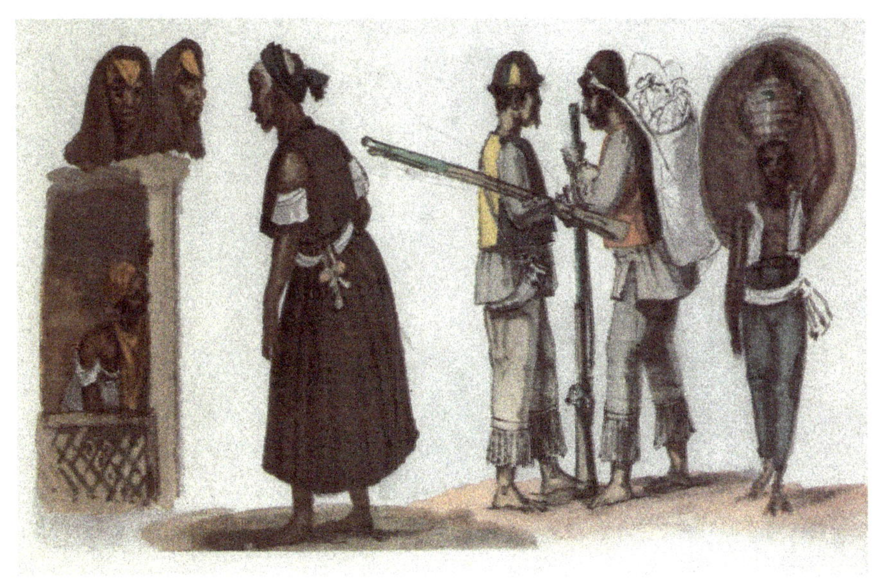

107

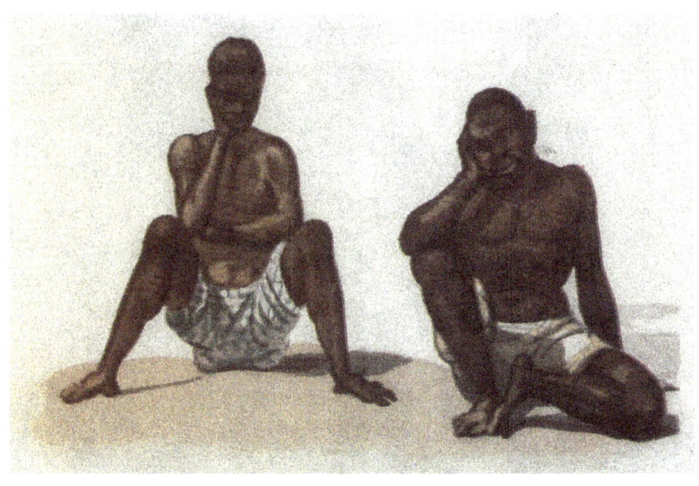

108

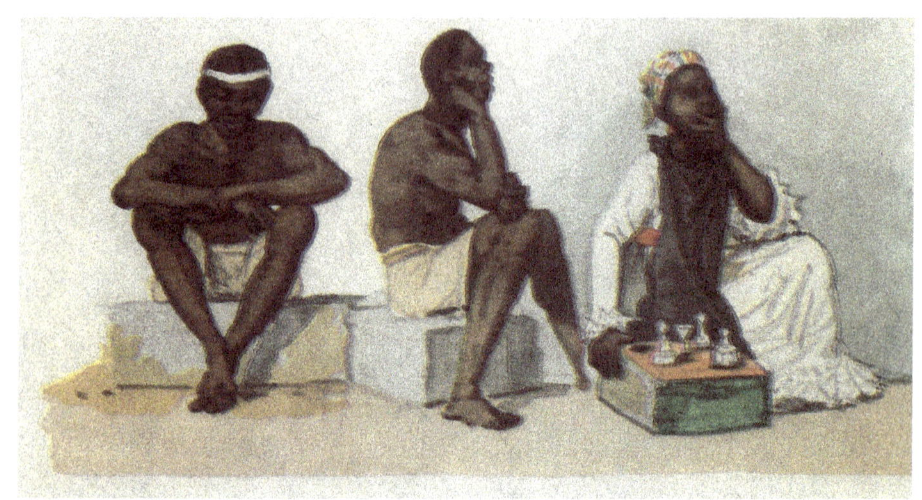

109

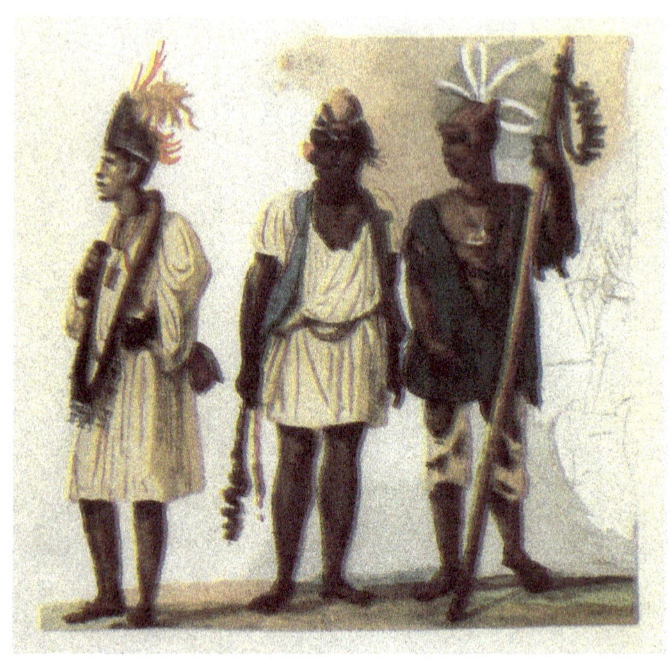

110

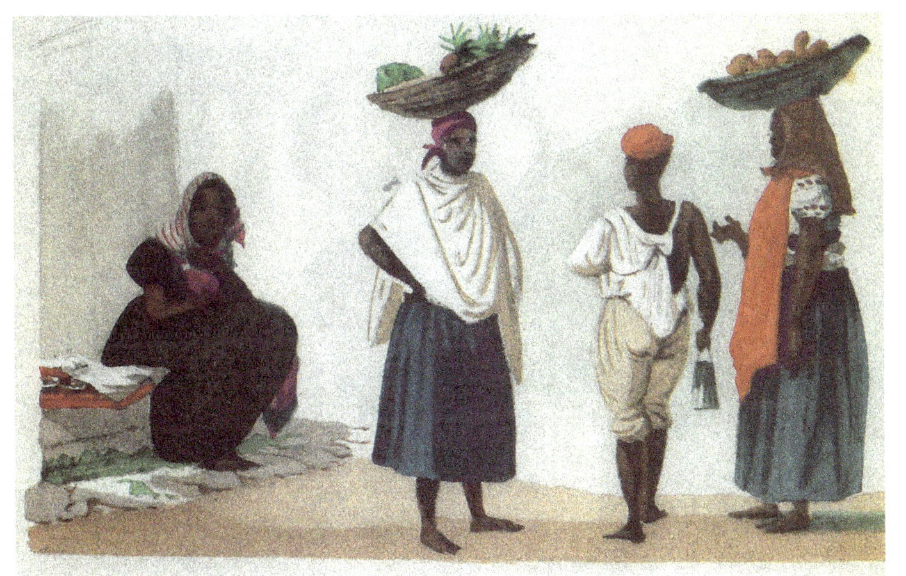

111

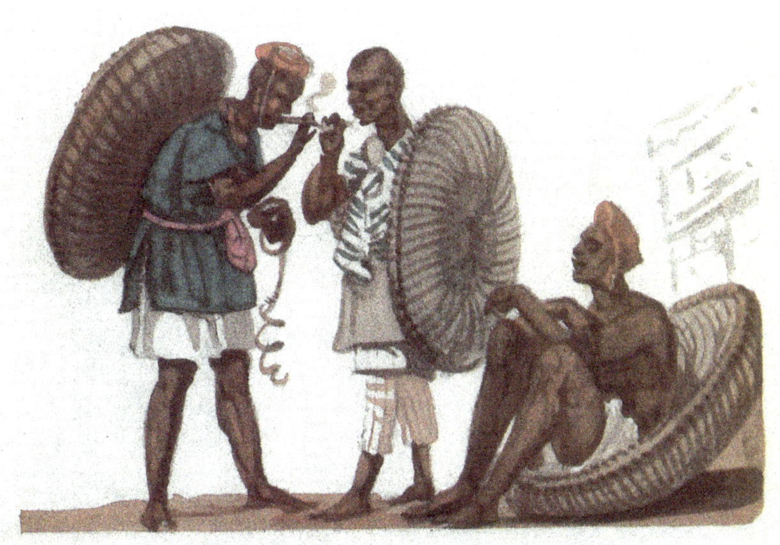

112

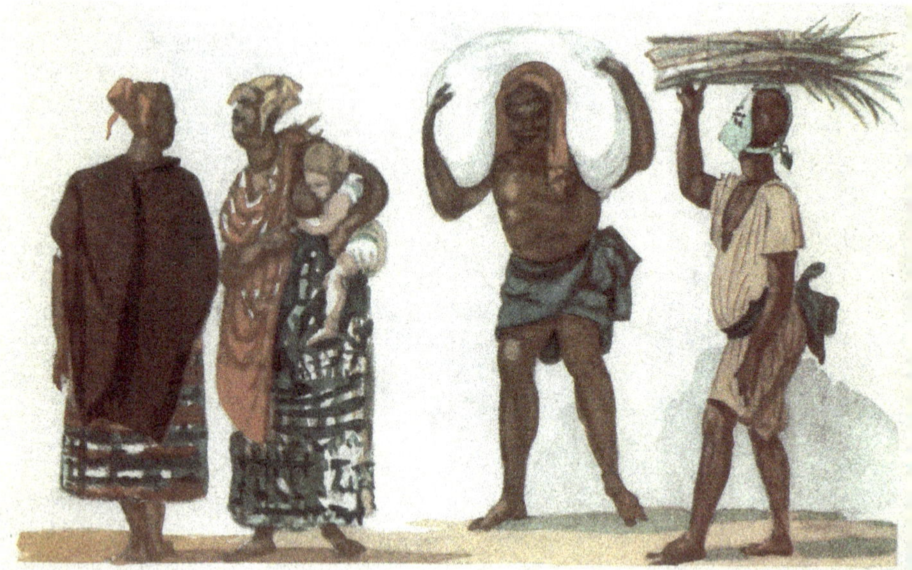

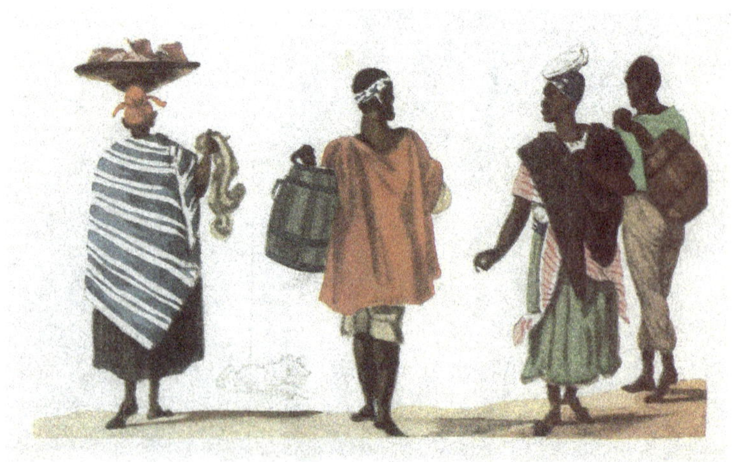

113

114

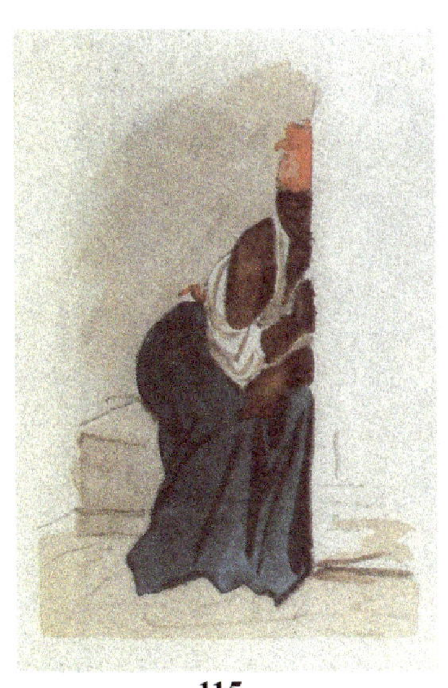

115

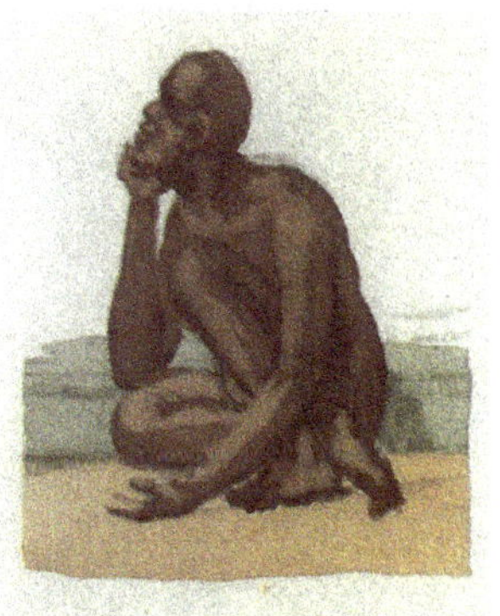

116

117

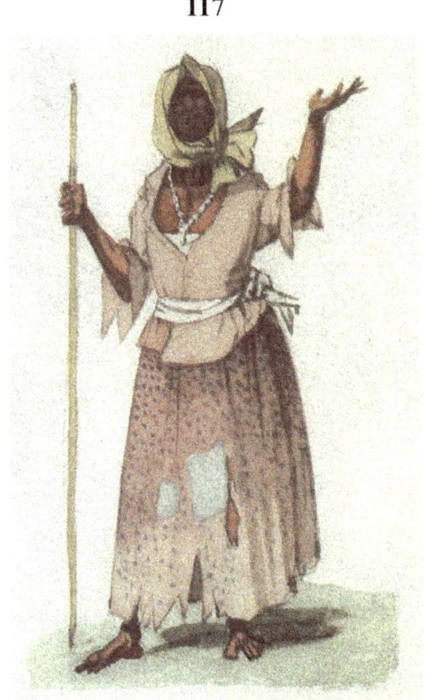

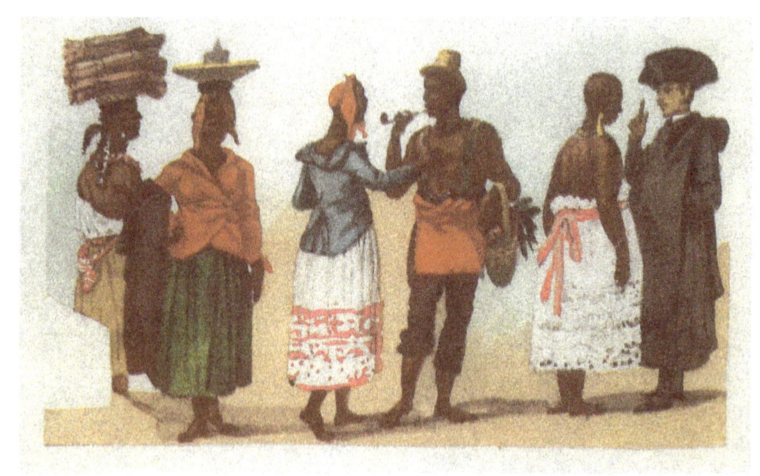

118

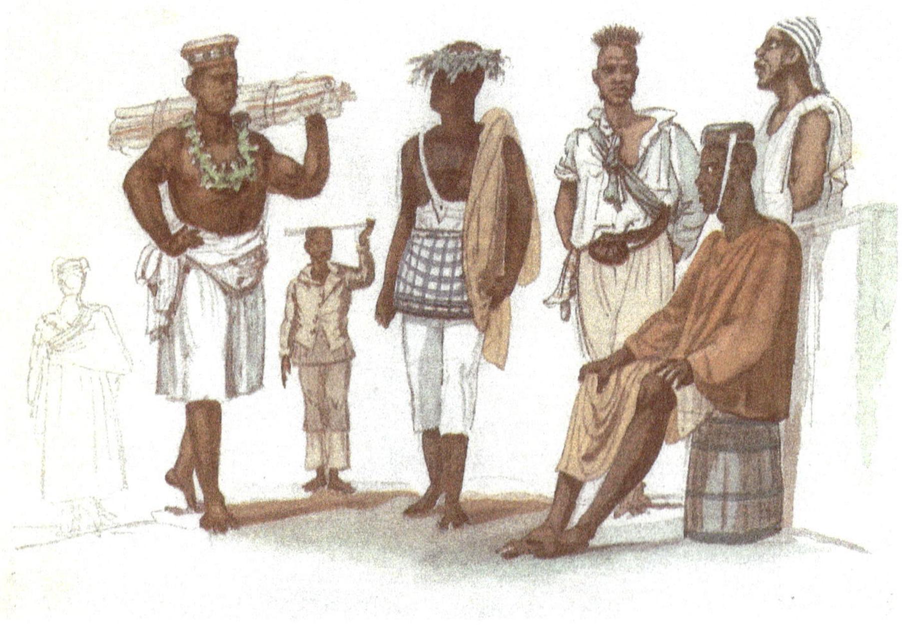

119

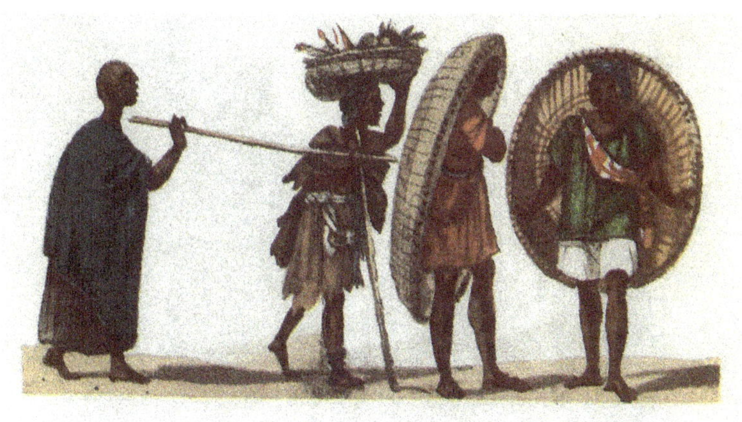

120

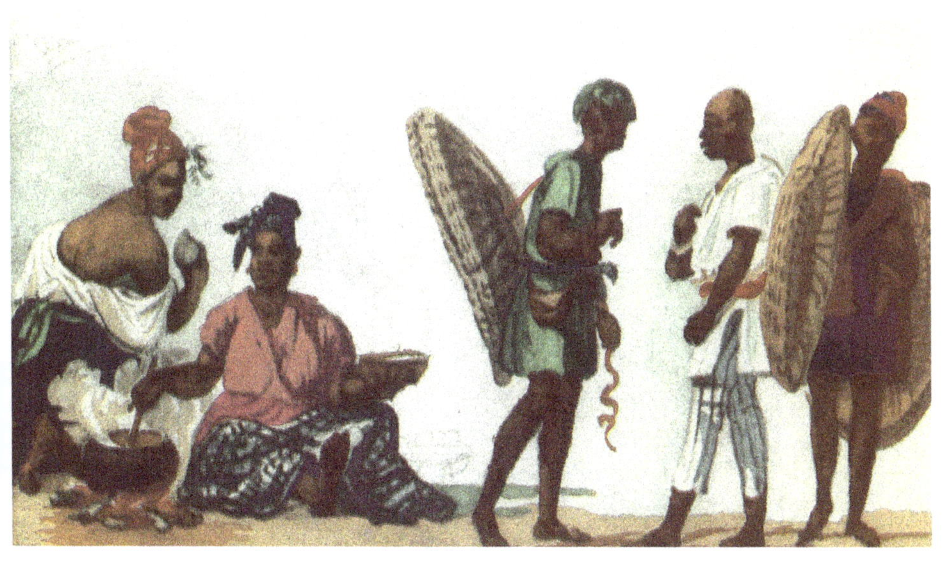

121

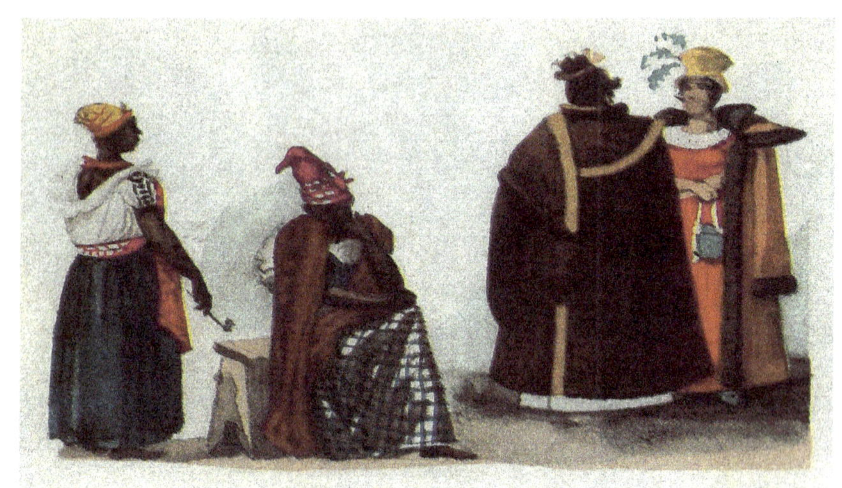

122

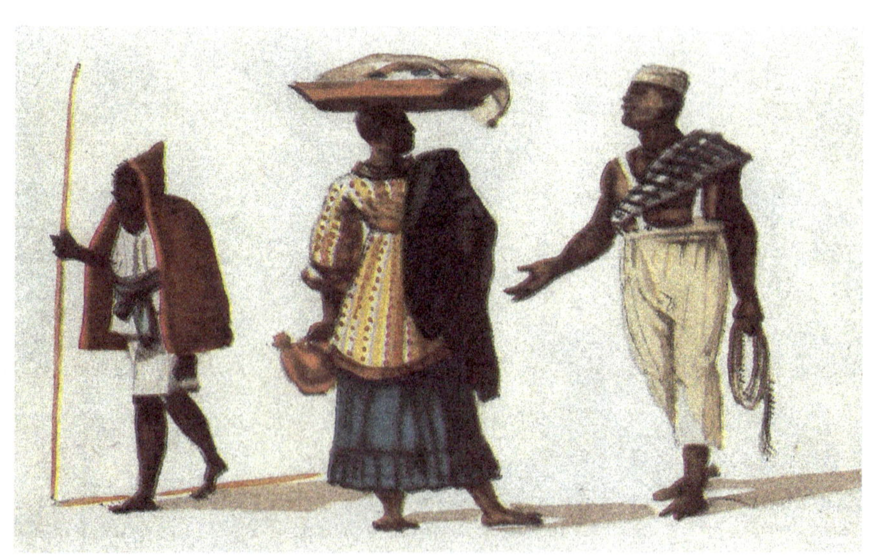

123

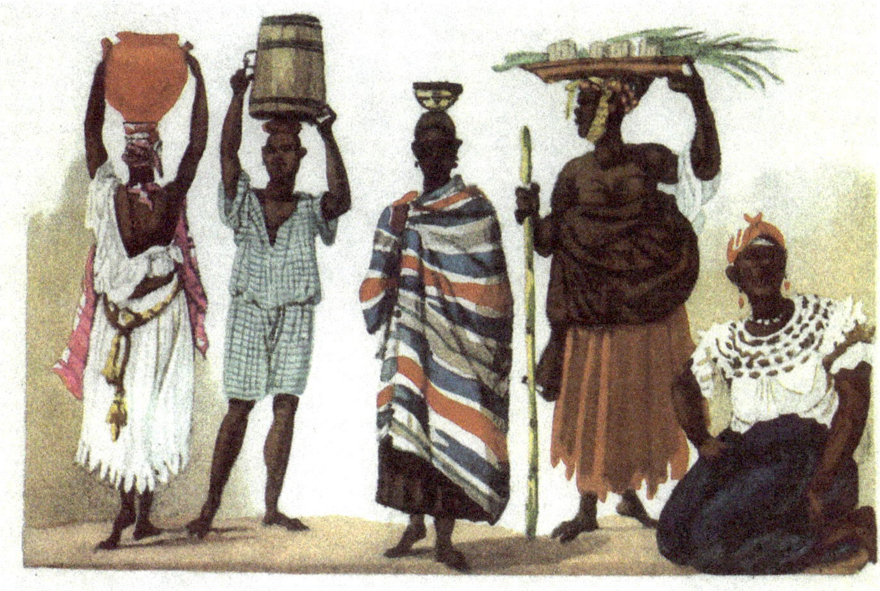

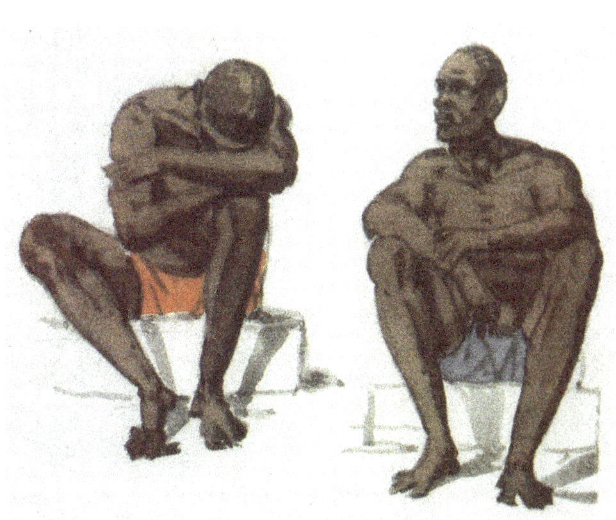

124

125

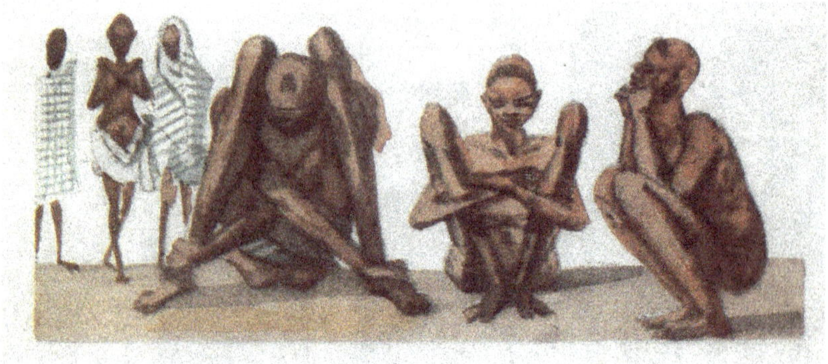

126

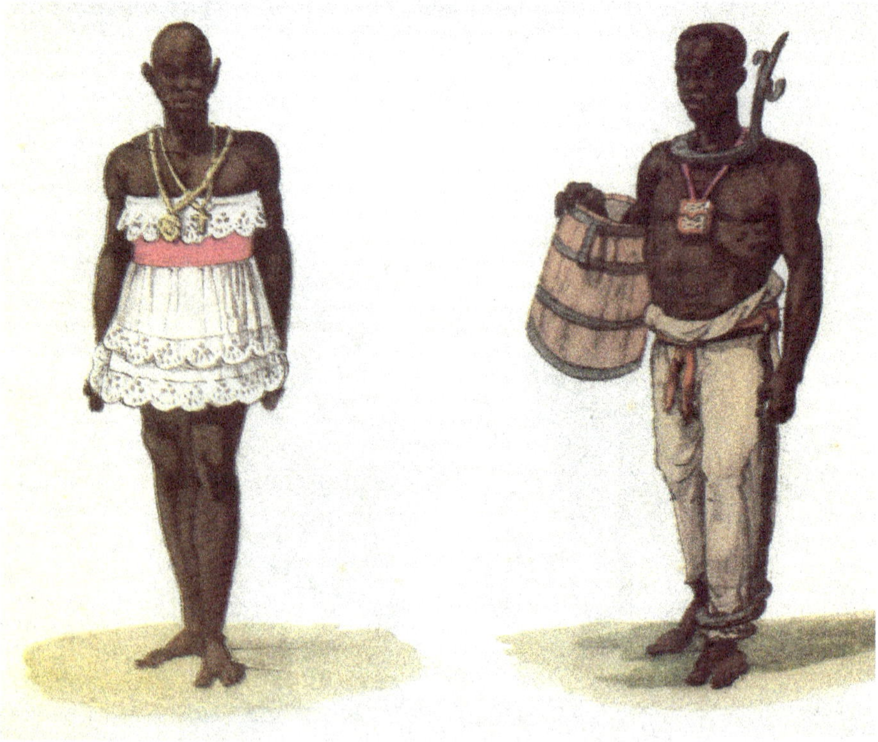

127

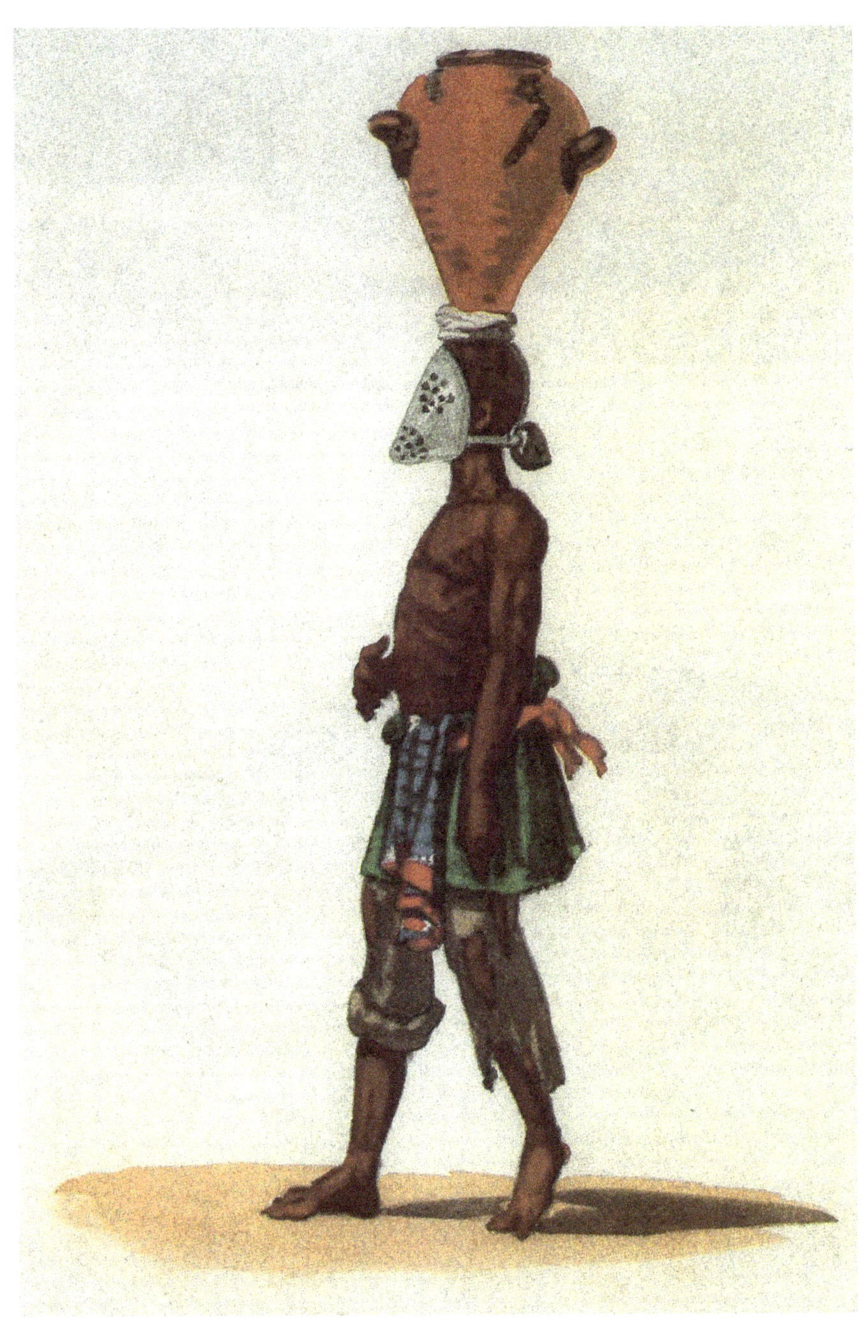

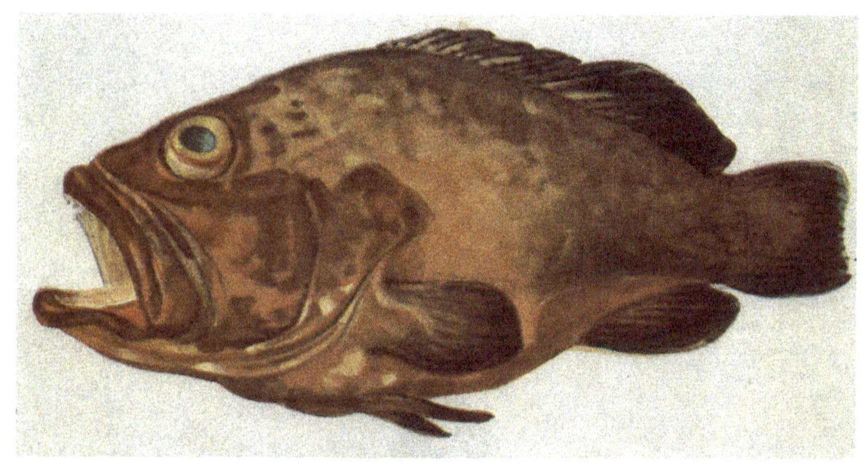

129

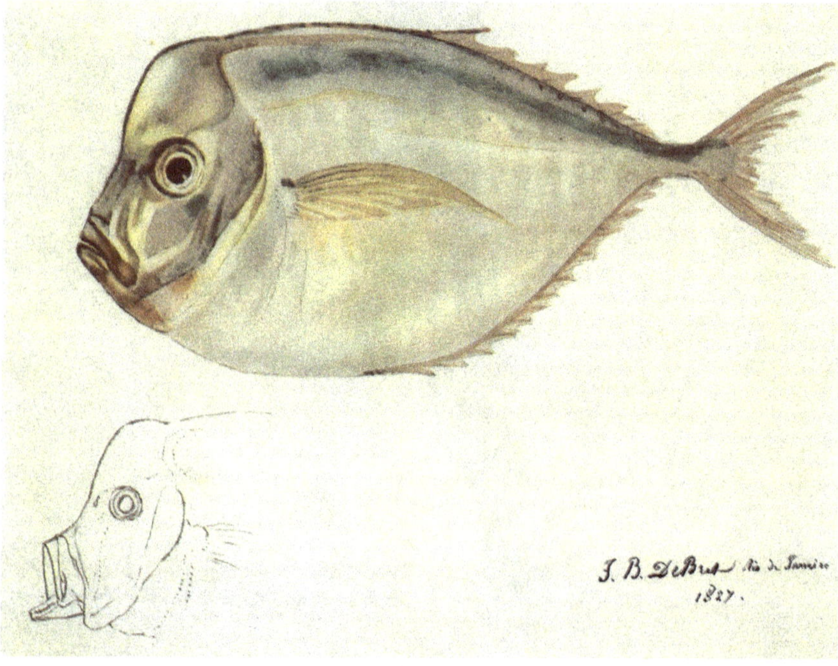

130

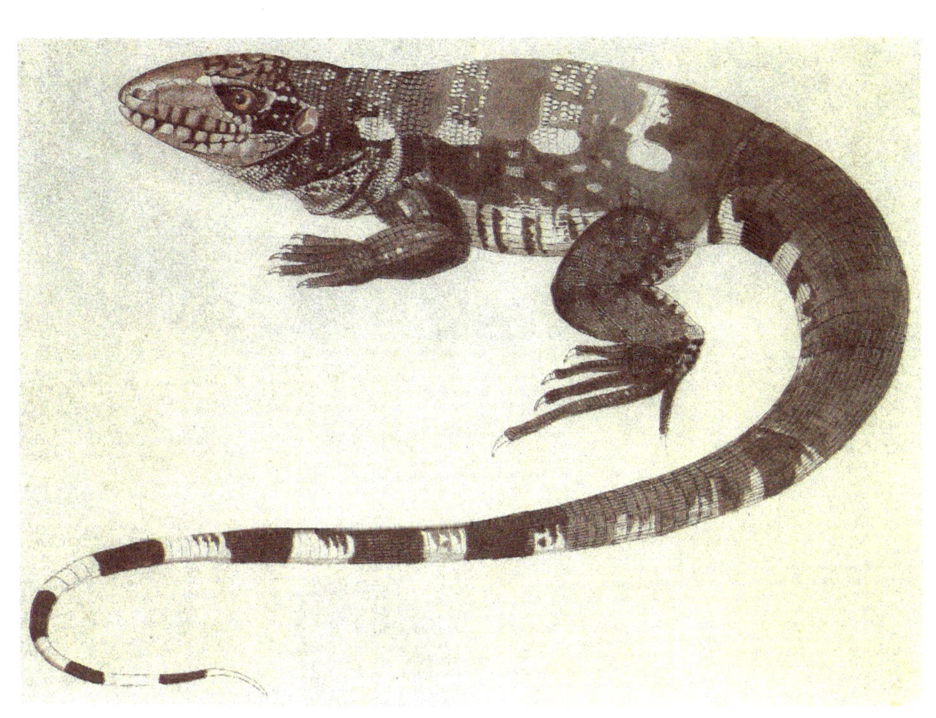

131

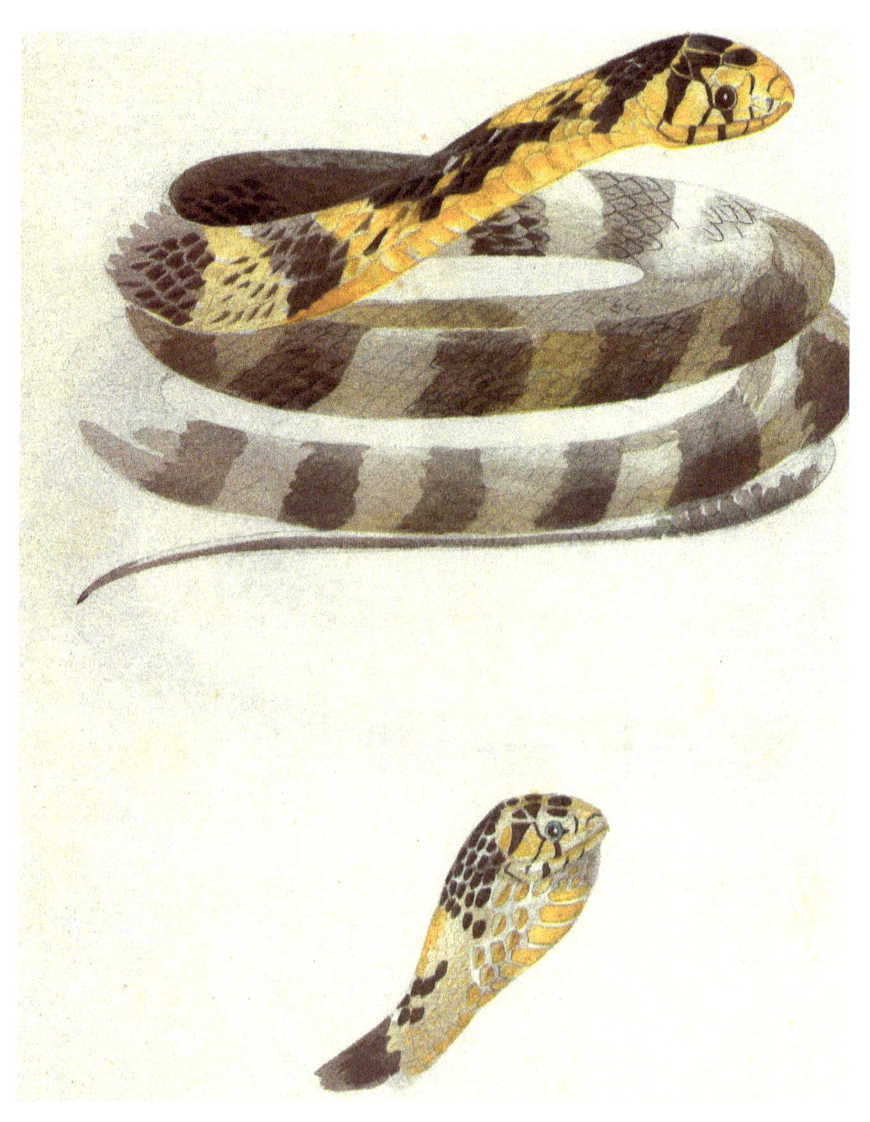

132

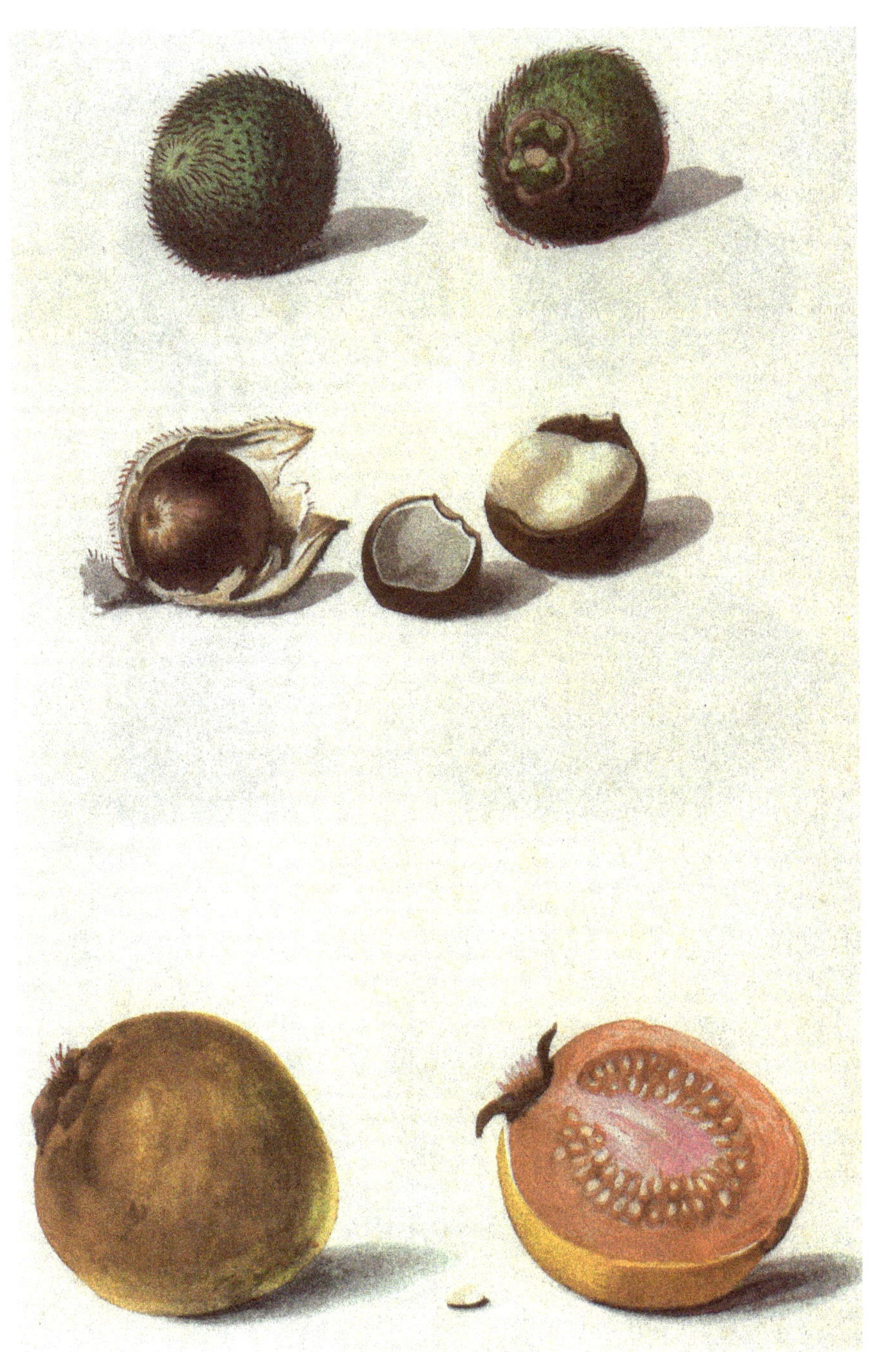

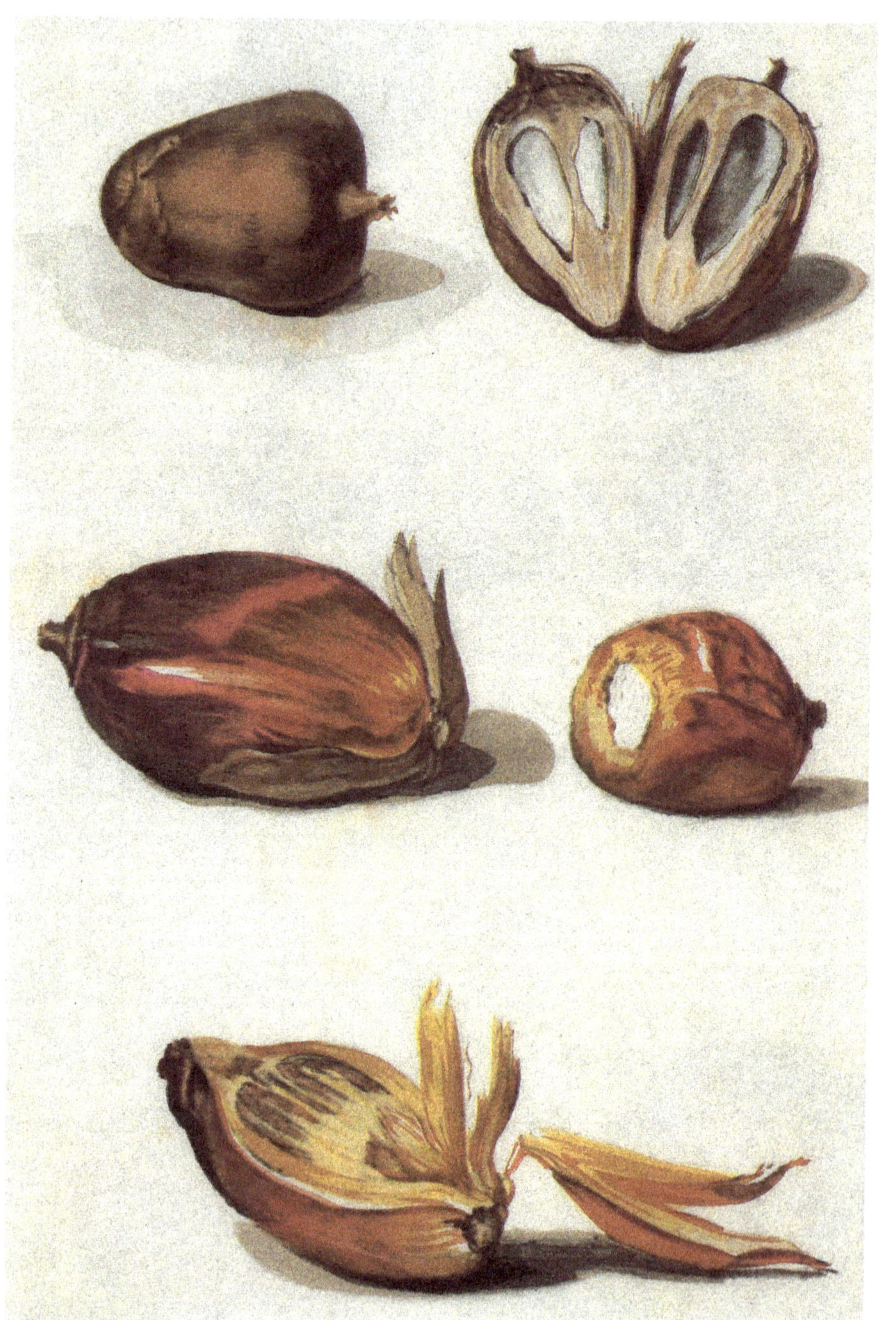

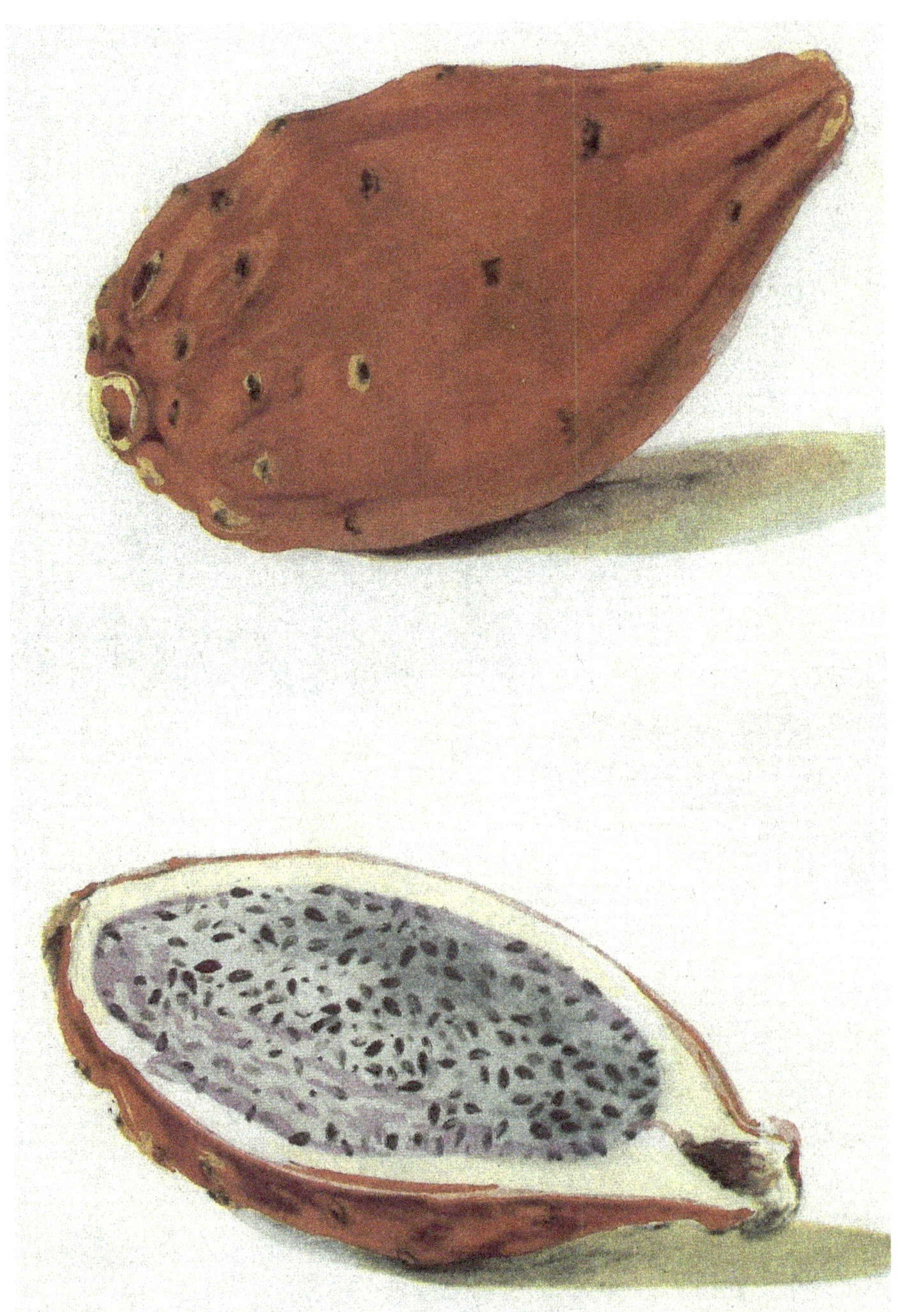

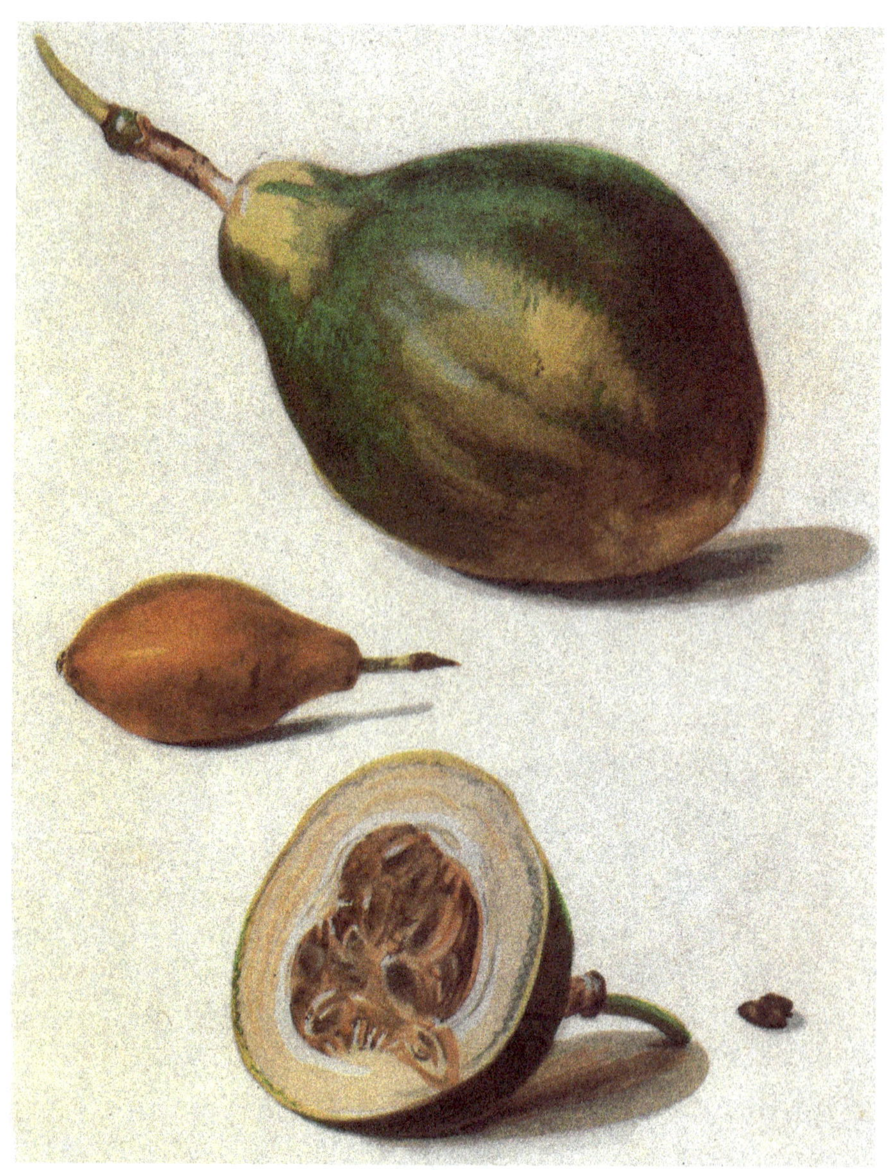

136

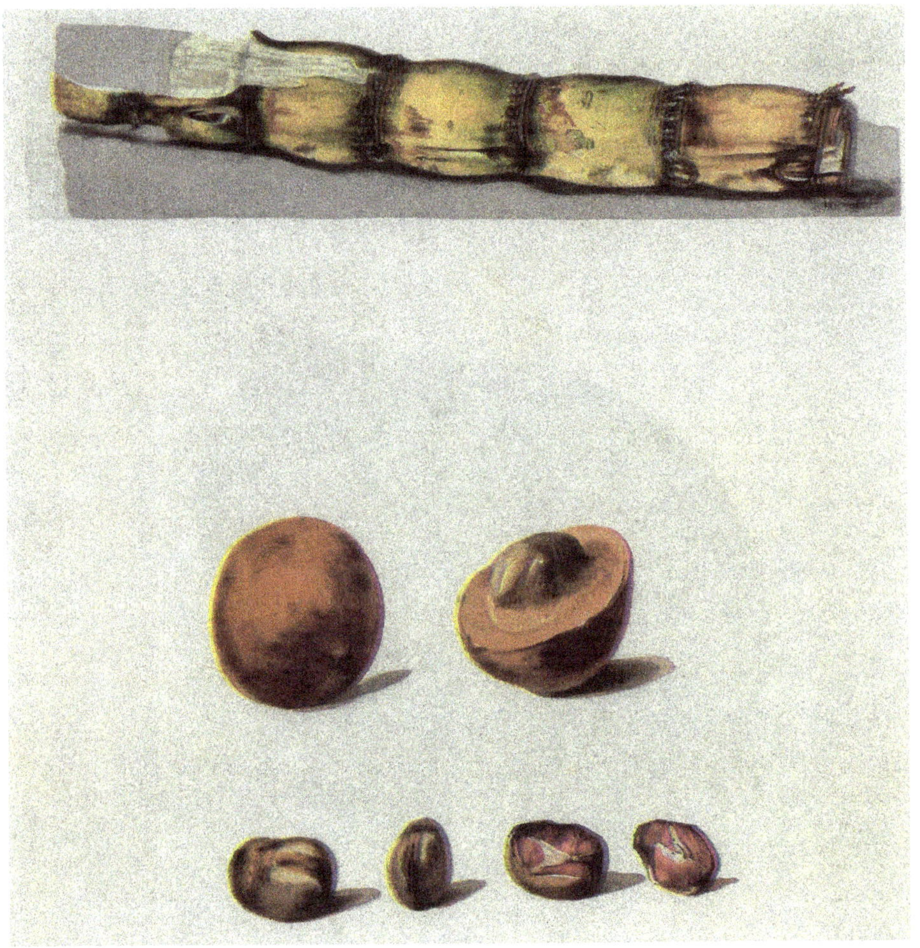

137

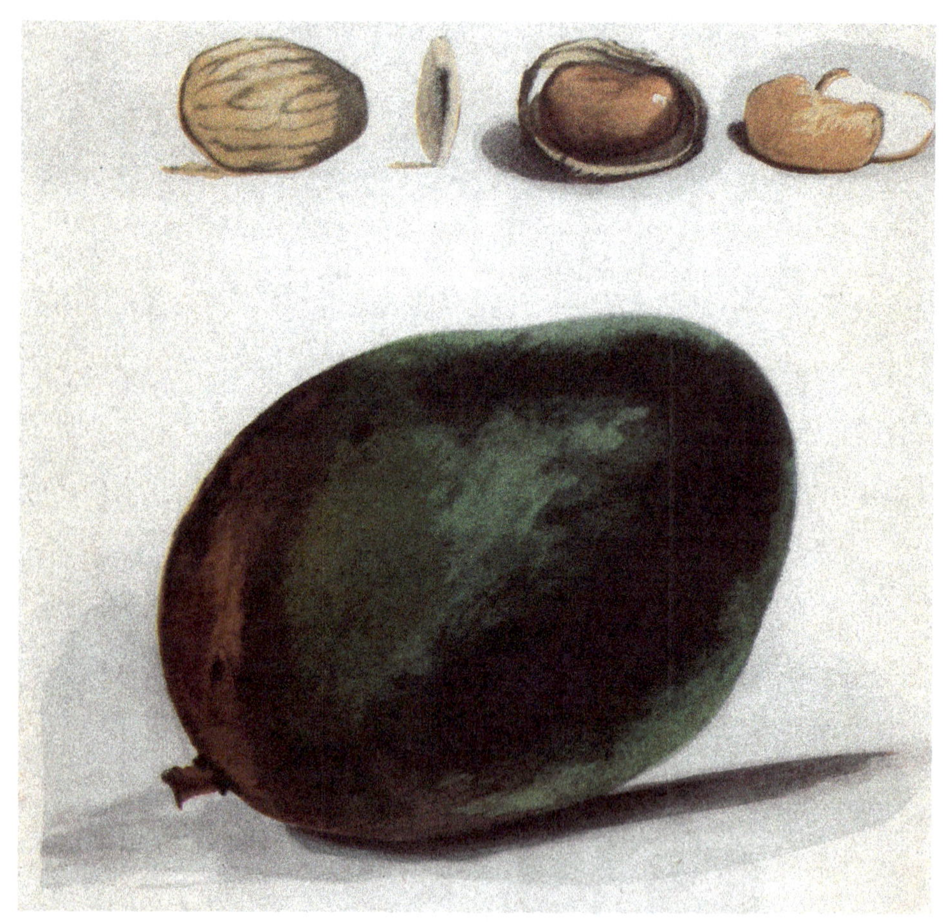

138

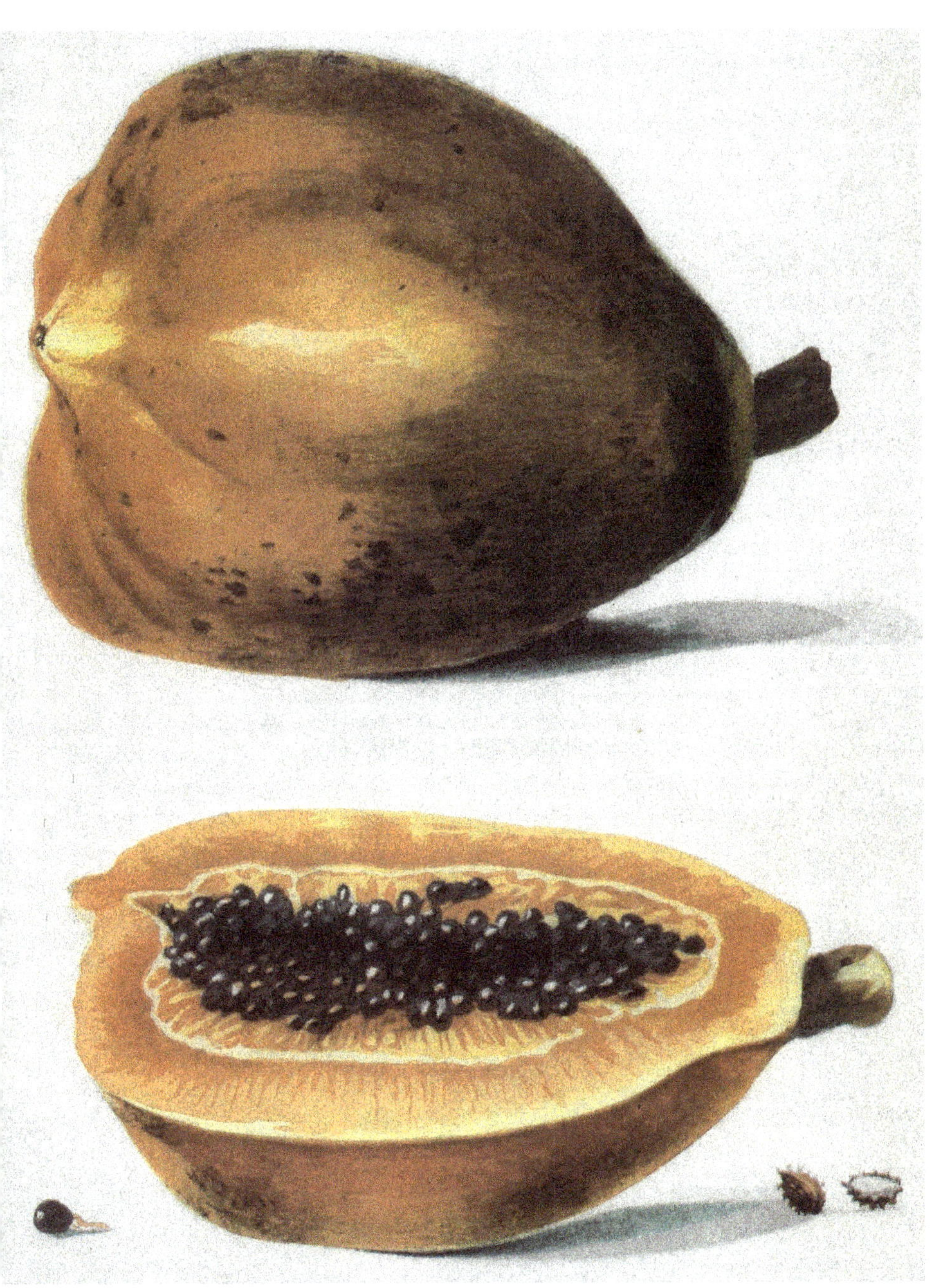

Este livro foi composto com a tipografia Times New Roman
e impresso pela Meta Brasil.